Heute koche ich!

Männer an den Herd!

EDITION XXL

VORwort

Wieso sollte ein Mann nicht kochen können? Schließlich macht es doch unabhängig und unglaublich sexy. Jetzt gilt es nur noch, den inneren Schweinehund zu überwinden. Kaum ist dieser besiegt, kann's schon losgehen. Man(n) denkt sich:

„Zutaten einkaufen, abmessen, zusammenrühren, fertig – so einfach ist das! Ich werde am Sonntag Susanne zum Mittagessen einladen, da machen meine Kochkünste mit Sicherheit Eindruck.

Mal nachdenken: $\dfrac{(x + 5)\, 2 - y^2}{x^2\,(y - 3^x)}$ = Zeitbedarf für einen saftigen Braten! Roastbeef rare, oje, das dauert alles ganz schön lang! Eigentlich wollte ich doch das Autorennen sehen, wenigstens so nebenbei.

Kochen, Susanne, Autorennen, *stöhn*, Geschirr spülen, Küche aufräumen ... Da ist der Sonntag ja schon vorbei.

Vielleicht kann ich das ja auch ein bisschen besser planen, besonders wenn ich das ganze Programm abspulen möchte: Suppe oder Vorspeise, Hauptgericht und vielleicht ein Dessert. Dann muss heute halt mal das Autorennen ausfallen. Man kann eben nicht alles haben."

Hier ist die Geheimwaffe für unwiderstehliche Rezepte, hilfreiche Tipps und Tricks sowie verblüffendes Wissen für Angeber ... dann klappt's auch mit Susanne.

INHALTSverzeichnis

KOCHschule

Bevor man so richtig loslegt, sollte man(n)
einige grundsätzliche Dinge beachten:

1. „Leere" Arbeitsflächen! Geld-börse, Handy, Autoschlüssel, Taschenmesser und Schrauben sollten ausnahmsweise mal nicht auf der Arbeitsfläche liegen. Auch die Taschenlampe hilft beim Kochen nicht wirklich wei-ter. Jetzt ist auch Platz für ein schönes großes Schneidebrett.

2. Hände waschen versteht sich von selbst. Legen Sie vorsichts-halber eine Schürze an. Haben Sie eine Haarpracht wie Jon Bon Jovi zu seinen besten Zeiten, verwenden Sie eine Kochmütze oder ein Haarband. Nichts ist ekliger als ein Haar in der Suppe!

3. IMMER zuerst das komplette Rezept durchlesen, bevor man mit dem Kochen durchstartet.

4. Sie brauchen grundsätzlich eini-ge verschieden große Schüsseln. Am besten aus Metall. Plastik-schüsseln stehen schneller auf der heißen Herdplatte, als Sie denken.

5. Das Wichtigste sind ordentliche Töpfe mit einem festen, geraden Boden. Schiefe Dinger sind Ener-giefresser. Pfannen dürfen keine Beschädigung der Beschichtung haben. Beides erleichtert das Kochen ungemein. Den Dampf-kochtopf lassen Sie im ersten Schritt am besten im Schrank.

6. ACHTUNG: Beim Verwenden von metallischen Gegenständen in der Mikrowelle können bei zu geringem Abstand zur Wand Funkenüberschläge entstehen!

7. Jeder gute Koch hat seine eige-nen Messer in allen Variationen: vom kleinen Küchenmesser zum Kartoffelschälen bis zum großen Fleisch- oder Gemüsemesser.

8. Legen Sie alle Zutaten für die geplante Kocharie zurecht und dann kann's auch schon losgehen!

Der Mengenbedarf für eine Person

Dieser lässt sich natürlich auch für mehr Personen hochrech-nen. Dabei sollten Sie berücksichtigen, wer zum Essen kommt. Kinder und ältere Menschen essen weitaus weniger als z. B. ein junger Mensch im besten „Mannesalter". Deshalb sind diese Angaben lediglich Richtwerte.

Fleisch zum Braten oder Kotelett mit Knochen	250 g
Fleisch zum Braten oder Kotelett ohne Knochen	200 g
Steak (Rind) oder Fischfilet	200 g
Schnitzel	180 g
Gemüse als Beilage	150–200 g
Kartoffeln als Beilage	200 g
Reis als Beilage	30–40 g
Nudeln als Beilage	100–150 g
Reis als Hauptspeise	50–60 g
Nudeln als Hauptspeise	200–250 g
Suppe als Vorspeise	¼ l
Suppe als Hauptspeise	½ l
Soße	⅛ l

Erste-Hilfe-Stellungen :

Messerspitze?!?
Ob das reicht …

Suppe versalzen

Manchmal ist „das Salz in der Suppe"
doch zu viel. Und jetzt? Bei klaren
Suppen kann man in der Regel mit
Wasser Abhilfe schaffen. Bei gebunde-
nen Suppen hilft zum Beispiel Sahne,
Milch oder Ei. Einfach der Suppe hinzufügen und vorsichtig nachwürzen.

Nudeln zu weich geworden

Sind die Nudeln fast zu weich geworden, schnell abgießen und mit kaltem
Wasser abbrausen, damit sie nicht noch
weiter nachgaren.

Die Maßeinheiten

Maßlos praktisch – die gebräuchlichsten Abkürzungen für Maßeinheiten, die man in jedem Kochbuch findet:			
kg	→	Kilogramm	1 kg = 1000 g
g	→	Gramm	1000 g = 1 kg
l	→	Liter	1 l = 1000 ml = 1 kg = 1000 g
ml	→	Milliliter	1 ml = 1 g
cl	→	Zentiliter	1 cl = 10 ml
EL	→	Esslöffel	1 EL = 1 gestr. EL = 15 ml = 15 g
TL	→	Teelöffel	1 TL = 1 gestr. TL = 5 ml = 5 g
1 Tasse	→		ca. ⅛ l = 125 ml = 125 g
1 Becher	→		ca. 0,2–0,25 l = 200–250 ml = 200–250 g
Msp.	→	Messerspitze	die Menge, die auf die Spitze eines Küchenmessers passt
Pr.	→	Prise	die Menge, die zwischen Daumen, Zeige- und Mittelfinger passt
Bd.	→	Bund	
St.	→	Stück	
Pck.	→	Packung	
Pk.	→	Päckchen	
gestr.	→	gestrichen	
geh.	→	gehäuft	

Angebrannt (im Topf)

Ist es eine flüssige Speise, sofort
(hier ist jede Sekunde wichtig!)
in einen frischen Topf schütten.
Auf keinen Fall mit einem Löffel
mithelfen. Was hängen bleibt,
bitte hängen lassen.
Bei festen Speisen mit einem Löffel vorsichtig den Inhalt aus dem
angebrannten Topf entnehmen und
in einen frischen Topf füllen. Bitte
großzügig Reste im Topf lassen.
Wenn man Teile des Angebrannten
erwischt, kann alles umsonst sein.
In beiden Fällen die Töpfe sofort
mit Wasser einweichen. Die in die
frischen Töpfe gefüllten Speisen
probieren. Schmecken sie zu stark
angebrannt und bitter, hilft meist
nur noch: wegwerfen und von
vorne anfangen.

Angebrannt (in der Pfanne)

Sind die Schnitzel in der Pfanne
schwarz wie ein Brikett geworden,
gehen Sie am besten zum Italiener
nebenan.

Fett zu heiß geworden

Ist das Fett in der Pfanne zu heiß
geworden und qualmt schon, bitte
nicht mehr verwenden. Das ab-
gekühlte Fett mit Küchenkrepp
auswischen und anschließend die
Pfanne spülen.

Klümpchen in der Soße

Bei wenigen Klümpchen hilft es,
die Soße durch ein feines Sieb zu
streichen. Bei vielen Klümpchen
die Soße vorher noch mit dem
Pürierstab bearbeiten und dann
durch das Sieb passieren.

STRAMMER Max

Max

Zubereitung:

1. Die Paprikaschoten halbieren, die weißen Trennwände und Kerne entfernen und waschen. Auf ein Blech legen und auf der obersten Schiene bei 200°C Ober- und Unterhitze für 10 bis 15 Minuten im Ofen backen. Wenn die Haut anfängt sich zu wellen, die Paprikahälften aus dem Backofen nehmen, die Haut abziehen und in Streifen schneiden. Die Zwiebel schälen und ebenfalls in Streifen schneiden.

2. Aus Salz, Pfeffer, Essig und Öl eine Soße rühren und über die Paprika- und Zwiebelstreifen geben. Die Basilikumblätter waschen, trocken schütteln und klein schneiden.

3. Die Frühlingszwiebeln waschen, trocknen und in feine Röllchen schneiden. Den Schinken würfeln. Die Hälfte von dem Butterschmalz in der Pfanne erhitzen und die Zwiebelröllchen und Schinkenwürfel anbraten. Die Brotscheiben mit der Butter bestreichen und die angebratenen Schinkenwürfel auf dem Brot verteilen.

4. Das restliche Butterschmalz in einer Pfanne erhitzen. Die Eier nacheinander vorsichtig in eine Tasse aufschlagen, um dabei festzustellen, ob sie auch frisch sind. Jedes Ei für sich in die Pfanne gleiten lassen und bei schwacher Hitze braten. Wenn das Eiweiß fest und weiß wird, den Rand mit Salz und Pfeffer bestreuen. Das Eigelb soll weich bleiben. Die fertigen Spiegeleier vorsichtig aus der Pfanne nehmen und auf das Schinkenbrot gleiten lassen. Die Eigelbe mit dem Basilikum garnieren. Den Paprikasalat auf den Tellern mit anrichten.

Zutaten:

Für den Max:

4 Scheiben à 150 g gekochter Schinken

8 frische Eier, 4 Scheiben Roggenbrot

60 g Butterschmalz, 50 g Butter

4 Frühlingszwiebeln

Pfeffer, Salz

Für den Paprikasalat:

je 1 gelbe, rote und grüne Paprikaschote

1 Zwiebel, Salz, Pfeffer, 1 EL Essig

2 EL Öl, frisches Basilikum

LENDENtoast

 Klein, aber fein für 4 Personen ca. 25 Minuten

Zubereitung:

1. Das Schweinefilet unter kaltem, fließendem Wasser abwaschen, mit Küchenkrepp trocken tupfen und in ca. 1,5 cm dicke Scheiben schneiden. Diese etwas flach klopfen und leicht pfeffern. Die Petersilie waschen, trocken schütteln und klein hacken. Die Datteltomaten waschen und trocknen lassen.

2. Den Feldsalat putzen, waschen und abtropfen lassen. Die Zwiebel schälen und in feine Würfel schneiden. Für die Salatsoße den Essig, Zwiebelwürfel, Salz, Pfeffer und Öl verrühren. Unter den Feldsalat heben und ein paar Minuten durchziehen lassen.

3. Die Champignons mit einem Pilz- oder Kuchenpinsel säubern. Nicht waschen, da sie sich schnell mit Wasser vollsaugen und an Geschmack verlieren! Ganz hartnäckiger Schmutz kann mit einem Küchenmesser weggeschnitten werden. Die Stielenden unten abschneiden. Nur einwandfreie Pilze verwenden. In Scheiben schneiden.

4. Das Brot toasten und auf vier Tellern verteilen. Das Butterschmalz in der Pfanne erhitzen und die Filetscheiben von beiden Seiten kurz anbraten. Leicht salzen und pfeffern, aus der Pfanne nehmen und bei 80°C im Backofen warm stellen. Die Champignonscheiben in der gleichen Pfanne mit der Butter andünsten und die gehackte Petersilie hinzufügen.

5. Die Filetscheiben auf die Toastscheiben legen und die Champignons darüber verteilen. Den Camembert in Scheiben schneiden und auf vier Toastscheiben verteilen. Auf die restlichen vier Toastscheiben je eine Toast-Schmelzkäsescheibe legen. Im vorgeheizten Backofen bei 220°C kurz überbacken, bis der Käse verläuft.

6. Mit den Datteltomaten garnieren und mit dem Feldsalat servieren.

Zutaten:

1 Schweinefilet, ca. 500–600 g

Pfeffer, Salz, 20 g Butter

50 g Butterschmalz, 8 Scheiben

Toastbrot, 250 g Champignons

1 Bund glatte Petersilie

200 g Sahne-Camembert

4 Scheiben Toast-Schmelzkäse

12 Datteltomaten

Für den Feldsalat:

300 g Feldsalat, 1 Zwiebel

3 EL Essig, 3 EL Öl

Salz, Pfeffer

Lendentrost?

13

Frittierte
KRÄUTER-Hackbällchen
mit Tsatsiki

 Klein, aber fein für 4 Personen ca. 60 Minuten

Zutaten:

1 Brötchen, 2 Zwiebeln

1 Bund Koriander

400 g gemischtes Hackfleisch

1 Ei Größe M

Biskin® Pflanzenöl oder

Pflanzenfett zum Frittieren

(Menge je nach Größe

der Fritteuse), Jodsalz

frisch gemahlener Pfeffer

frische Minzblätter

Für den Tsatsiki:

300 g Salatgurke

2 Knoblauchzehen, 1 Bund Dill

250 g Naturjoghurt

2 EL Zitronensaft, Jodsalz

frisch gemahlener Pfeffer

Zubereitung:

1. Das Brötchen würfeln und in 250 ml Wasser einweichen. Die Zwiebeln schälen und fein hacken. Den Koriander waschen, trocken schütteln und hacken.

2. Das Brötchen gut ausdrücken und mit dem Hackfleisch, dem Ei, den Zwiebelstücken sowie dem Koriander verkneten. Mit Salz und Pfeffer würzen.

3. Die Hackfleischmasse zu Bällchen formen. Das Pflanzenfett in der Fritteuse auf 170° C erhitzen. Die Hackbällchen portionsweise ca. vier Minuten knusprig frittieren und auf Küchenkrepp abtropfen lassen.

4. Die Salatgurke waschen, putzen, grob reiben und abtropfen lassen. Den Knoblauch schälen und fein hacken. Den Dill waschen, trocken schütteln und fein hacken. Ein Dillfähnchen für die Dekoration zurückbehalten.

5. Salatgurke, Knoblauch und Dill mit dem Joghurt sowie dem Zitronensaft verrühren. Mit Salz und Pfeffer kräftig abschmecken.

6. Den Tsatsiki mit den Hackbällchen anrichten und mit dem zurückbehaltenen Dillfähnchen sowie ein paar Minzblättern garniert servieren. Dazu schmeckt Baguette oder Fladenbrot.

> Die geriebene Salatgurke vorher mit Salz würzen und abtropfen lassen, damit ihr die Flüssigkeit entzogen wird.

Zwei Koblauchzehen reichen!
Sonst verbringe ich die Nacht
wieder auf der Couch ...

15

TOMATEN-Süppchen
mit Mozzarella

Zutaten:

800 g reife Tomaten

2 Zwiebeln

1 Knoblauchzehe

1 kleine, milde Peperoni

2 EL Olivenöl

750 ml Gemüsefond

1 Kräutersträußchen,

z. B. 2 Zweige Thymian,

2 kleine Zweige Petersilie,

1 kleiner Zweig Rosmarin,

1 Lorbeerblatt

1 Stangensellerieherz

1 Rolle (= 250 g) Zottarella-

Basilikum

Salz

Pfeffer

Für die Dekoration:

Rosmarinblüten

Schnittlauchspitzen

Zubereitung:

1. Die Tomaten waschen, vierteln, den Stielansatz entfernen und klein schneiden. Die Zwiebeln und den Knoblauch schälen und beides fein würfeln. Die Peperoni längs halbieren, Stielansatz, Samen und Scheidewände entfernen und das Fruchtfleisch klein schneiden.

2. Das Olivenöl in einem großen Topf erhitzen und die Zwiebelwürfel, den Knoblauch und die Peperoni darin anschwitzen. Die Tomatenstücke hinzufügen und kurz mit anschwitzen. Den Gemüsefond angießen und mit Salz und Pfeffer abschmecken.

3. Das Kräutersträußchen und das Sellerieherz hinzufügen, aufkochen, die Hitze reduzieren und zugedeckt ca. 20 Minuten köcheln lassen. Die Kräuter und den Sellerie herausnehmen.

4. Die Suppe durch ein feines Sieb passieren und nochmals abschmecken. Den Zottarella sehr gut abtropfen lassen und in ca. 0,5 cm große Würfel schneiden.

5. Die Suppe in vorgewärmte Tassen füllen und mit den Zottarella-Würfeln bestreuen. Mit Rosmarinblüten und Schnittlauchspitzen garniert servieren.

> Sonnengereifte Tomaten sind für die Suppe einfach unschlagbar.

Schmeckt am besten mit Tomaten aus Nachbars Garten.

Feine ERBSENcremesuppe
mit Lachsforelle

 Klein, aber fein für 4 Personen ca. 35 Minuten

Zutaten:

350 g Lachsforellenfilet

1 unbehandelte Limette

1 Zwiebel, 30 g Butter

300 g tiefgekühlte Erbsen

600 ml Gemüsebrühe

200 ml Weißwein

200 ml süße Sahne

3 TL Meerrettich, 1 Bund
Estragon oder glatte Petersilie

Salz, Pfeffer

frischer Salbei

POCHIEREN!?! Was ist denn das?

Zubereitung:

1. Das Fischfilet unter kaltem, fließendem Wasser abwaschen, mit Küchenkrepp trocken tupfen und in Würfel schneiden.

2. Die Limette heiß waschen, trocken tupfen und den Saft auspressen. Den Limettensaft und die -schale den Fischwürfeln hinzufügen und abgedeckt marinieren lassen.

3. Die Zwiebel schälen und fein würfeln. Die Butter in einem Topf erhitzen und die Zwiebelwürfel darin andünsten.

4. 200 g von den Erbsen zur Zwiebel in den Topf geben und kurz mitdünsten. Mit der Gemüsebrühe und dem Wein ablöschen, mit Salz sowie Pfeffer würzen und ca. acht Minuten dünsten.

5. Die Sahne steif schlagen und den Meerrettich hinzufügen. Den Estragon bzw. die Petersilie waschen, trocken schütteln und in feine Streifen schneiden.

6. Die Erbsensuppe pürieren, durch ein Sieb streichen und nochmals erhitzen. Dann die restlichen Erbsen und die Estragon- bzw. Petersilienstreifen hinzufügen.

7. Die Fischfiletwürfel zusammen mit dem Limettensaft und 100 ml Wasser in einem Topf ca. zwei bis drei Minuten pochieren.

8. Die Fischwürfel mit dem Sud und der Meerrettich-Sahne zur Suppe geben. Achtung: Die Suppe darf nicht mehr kochen! Alles kräftig abschmecken, auf Tellern verteilen und mit etwas Salbei garnieren. Dazu können Sie warmes Baguette servieren.

GrießNOCKERLsuppe
mit jungen Karotten und Eierstich

 Klein, aber fein für 4 Portionen ca. 60 Minuten

Zutaten:

400 g junge Karotten

1 l Gemüsebrühe, Salz, Pfeffer

Muskatnuss

Für den Eierstich:

3 Eier, 180 ml Alpenmilch, 3,5 %

Salz, Pfeffer, Muskatnuss

Für die Nockerl:

½ Bund Schnittlauch

180 ml Alpenmilch, 3,5 %

5 g reine Pflanzenmargarine

60 g Hartweizengrieß, 1 Eigelb

Salz, Pfeffer, Muskatnuss

… mit FLEISCHBRÜHE werde ich groß und stark!
… mit HÜHNERBRÜHE fit und gesund!

Zubereitung:

1. Die Karotten dünn schälen, längs halbieren und in leicht gesalzenem Wasser noch bissfest garen. Den Schnittlauch waschen, trocken schütteln und in Röllchen schneiden, ein paar für die Dekoration zurückbehalten.

2. Für den Eierstich die Eier aufschlagen und mit der Milch verrühren. Mit Salz, Pfeffer und Muskatnuss würzen. Eine Schüssel mit Frischhaltefolie ausschlagen, die Eiermasse hineinfüllen und im siedenden Wasserbad 30 Minuten zum Stocken bringen. Danach kalt stellen, stürzen und in Rauten schneiden.

3. Für die Nockerl die Milch mit Margarine, Salz, Pfeffer und Muskat zum Kochen bringen. Den Grieß hineinstreuen und rühren,

bis sich die Masse vom Topfboden löst. Den Kloß sofort in eine Schüssel legen und Eigelb sowie Schnittlauchröllchen unterrühren.

4. Die Gemüsebrühe zum Kochen bringen und mit einem Teelöffel und angefeuchteten Händen Nockerl aus der abgekühlten Masse drehen. Ein bis zwei Minuten in der Brühe kochen und zehn Minuten ziehen lassen.

5. Eierstich und Karotten der Suppe hinzufügen, mit Salz, Pfeffer sowie Muskat abschmecken und mit den zurückbehaltenen Schnittlauchröllchen bestreuen. Die Suppe in einer großen Terrine servieren oder in tiefen Tellern anrichten.

RUMPsteak
mit Pfifferlingen

Zutaten:

4 Rumpsteaks à 250 g

2 EL Butterschmalz

400 g frische Pfifferlinge

1 Zwiebel

100 g Butter

½ Bund Schnittlauch

Salz, Pfeffer

1 Päckchen Datteltomaten

Französisches Weißbrot

Zubereitung:

1. Die Rumpsteaks unter kaltem, fließendem Wasser abwaschen und mit Küchenkrepp trocken tupfen.

2. Den Backofen (Ober- und Unterhitze) auf 80° C vorheizen und darin eine feuerfeste, flache Form vorwärmen.

3. In einer Pfanne das Butterschmalz erhitzen und die Steaks bei starker Hitze von beiden Seiten in ca. zwei Minuten anbraten.

4. Die Steaks in die vorgewärmte Form legen und beide Seiten mit Salz und Pfeffer würzen. Eine Stunde im vorgeheizten Backofen garen. Anschließend können die Rumpsteaks problemlos noch eine halbe Stunde im Ofen ruhen.

5. Die Pfifferlinge mit einem Pilz- oder Kuchenpinsel säubern. Nicht waschen, da sie sich schnell mit Wasser vollsaugen und an Geschmack verlieren! Ganz hartnäckiger Schmutz kann mit einem Küchenmesser weggeschnitten werden. Die Stielenden unten abschneiden. Nur einwandfreie Pilze verwenden.

6. Die Zwiebel schälen und in kleine Würfel schneiden. Die Butter in einer Pfanne schmelzen und die Zwiebelwürfel darin bei niedriger Temperatur glasig dünsten. Die Pfifferlinge hinzufügen und fünf Minuten mitdünsten.

7. Den Schnittlauch waschen, trocken schütteln und in feine Röllchen schneiden.

8. Die Pfifferlinge mit Salz und Pfeffer abschmecken und kurz vor dem Servieren die Schnittlauchröllchen unterheben. Die Rumpsteaks mit den Pfifferlingen sowie ein paar gewaschenen Datteltomaten auf Tellern anrichten und mit dem Weißbrot servieren.

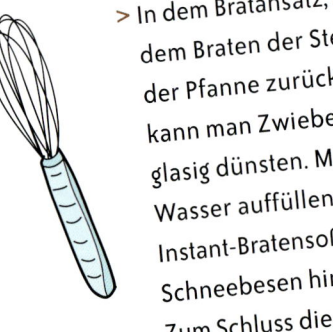

> In dem Bratansatz, der nach dem Braten der Steaks in der Pfanne zurückbleibt, kann man Zwiebelwürfel glasig dünsten. Mit ½ l Wasser auffüllen und 1 EL Instant-Bratensoße mit dem Schneebesen hineinrühren. Zum Schluss die Sahne dazugeben und abschmecken.

Und alles leer essen!
Da wird man groß & stark.

> Mit Beilagen wie z. B. Kartoffeln oder Rotkraut kann das Rumpsteak ruhig etwas kleiner sein. Verkürzen Sie dann die Anbratzeit entsprechend.

Aus der Dose geht auch! Geht viel schneller, sieht aber nicht so gut aus.

KÄSEspätzle

Zutaten:

500 g Mehl

5 große Eier

200 g geriebener Emmentaler

50 g Fett

1 große Zwiebel

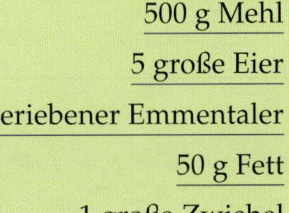

Zubereitung:

1. Das Mehl in eine Schüssel sieben, die Eier hineinschlagen und mit einem Rührlöffel tüchtig durchrühren, bis der Teig Blasen wirft. Das Rühren ist wichtig, besser zu viel als zu wenig. Nehmen Sie dazu auf keinen Fall einen Schneebesen oder die Rührbesen des Handrührgerätes! Wenn Sie den Löffel heben und der Teig sich nicht mehr bewegt, dann ist er richtig.

2. In einem großen Topf reichlich Salzwasser zum Kochen bringen. Ein bis zwei Esslöffel Teig auf ein nasses Brett geben, mit einem in Wasser getauchten Messer dünn verstreichen und dann sehr feine, gleichmäßige Streifen in das kochende Wasser schaben. Dabei das Messer immer wieder in kaltes Wasser tauchen, damit der Teig nicht daran hängen bleibt.

3. Die Spätzle sind gar, wenn sie an der Oberfläche schwimmen. Dann mit einem Schaumlöffel herausnehmen, abtropfen lassen und beiseitestellen.

4. Die Zwiebel schälen, in feine Würfel schneiden und in dem zerlassenen Fett kross anrösten.

5. Die fertigen Spätzle abwechselnd mit dem geriebenen Käse in eine Auflaufform schichten, dabei sollte eine Käseschicht den Abschluss bilden. Die Röstzwiebeln zum Schluss darüberstreuen und das Ganze im vorgeheizten Backofen bei 180° C ca. 15 bis 20 Minuten überbacken.

> Dazu schmeckt ein frischer grüner Salat oder Gurkensalat.
> Oder Apfelmus für süße Schleckermäuler.

Oma würde Bauklötze staunen!

23

BLAUBEERpfannkuchen
mit Vanilleeis und Engelshaar

 Klein, aber fein  für 4 Personen ca. 45 Minuten

Zutaten:

30 g Butter, 2 Eier, 80 g Mehl

120 ml Milch, 1 Prise Salz

100 g Zucker

etwas Butter zum Backen

40 ml Johannisbeerlikör

1 Anisstern, 300 g Blaubeeren

½ TL Stärke, 100 g Schmand

4 Kugeln Vanilleeis

Puderzucker

Für das Engelshaar:

80 g Zucker, 25 g Glukose

½ TL Zimt

Zubereitung:

1. Die Butter in einem kleinen Topf schmelzen, dabei darf sie hellbraun werden. Die Butter mit den Eiern, dem gesiebten Mehl, Milch, Salz sowie 1 ½ Esslöffeln Zucker zu einem glatten Teig verrühren. 20 Minuten quellen lassen und eventuell etwas Mineralwasser hinzufügen. In einer großen beschichteten Pfanne mit wenig Butter nacheinander vier dünne Pfannkuchen backen. Auf einem Teller bei 80° C im Backofen warm stellen.

2. Den restlichen Zucker mit dem Johannislikör und dem Anisstern aufkochen. Die Blaubeeren hinzufügen und fünf Minuten kochen, bis die meisten Beeren aufgeplatzt sind. Mit der Stärke leicht binden und abkühlen lassen.

3. Für das Engelshaar den Zucker und die Glukose mit 1 ½ Esslöffeln Wasser aufkochen, bis die Mischung hellgolden ist (bei ca. 142° C). Den Topfboden in kaltem Wasser kurz abschrecken und den Zimt unterrühren. Mit einem Esslöffel das Karamell über einen Kochlöffel fächern, sodass feine Zuckerfäden entstehen. Den Kochlöffel anheben und das Engelshaar ablösen.

4. Den Schmand mit den Beeren verrühren. Einen Klecks Blaubeeren-Schmand in die Mitte der Pfannkuchen setzen und zu einem Dreieck zusammenfalten. Die Pfannkuchen auf Tellern anrichten und auf jeden eine Kugel Vanilleeis sowie etwas Engelshaar setzen. Mit Puderzucker bestäuben und sofort servieren.

BAYRISCH' Creme
mit Blaubeeren

 Klein, aber fein  für 8 Personen ca. 35 Minuten + 2 Stunden Kühlzeit

Zutaten:

Für die Creme:

1 echte Bourbon-Vanilleschote
im Glasröhrchen,
z. B. von Ostmann, ¼ l Milch
4 Eigelb, 100 g Puderzucker
6 Blatt weiße Gelatine
½ l süße Sahne

Für die Blaubeersoße:

400 g Blaubeeren, ersatzweise
aus dem Glas, 50 ml Weißwein
2 EL Zucker
½–1 TL Zimt

Für die Dekoration:
frische Minzblätter
etwas Zimt

Machen die Zähne sooo schön blau! Eventuell ersatzweise auf Erdbeeren zurückgreifen.

Zubereitung:

1. Die Vanilleschote der Länge nach aufschneiden, das Mark herauskratzen und beides mit der Milch aufkochen.

2. Die Eigelbe mit dem gesiebten Puderzucker im heißen Wasserbad schaumig rühren.

3. Die Vanilleschote aus der Milch nehmen. Die Milch langsam unter die Eigelbmasse rühren, bis diese dicklich wird.

4. Die Gelatine nach Packungsanweisung in kaltem Wasser einweichen, auflösen und unter die Creme ziehen.

5. Die Sahne steif schlagen und unter die Creme ziehen, wenn diese zu gelieren beginnt. In acht Förmchen füllen und ca. eine Stunde kalt stellen.

6. Die Blaubeeren verlesen und eventuell waschen. Ein paar Blaubeeren für die Dekoration zurückbehalten. Alle anderen Blaubeeren mit dem Weißwein sowie Zucker pürieren und mit dem Zimt abschmecken.

7. Die Creme auf Teller stürzen und mit der Blaubeersoße anrichten. Mit den zurückbehaltenen Blaubeeren sowie Minzblättern dekorieren und mit etwas Zimt bestäuben.

KOCHschule

Kochtechniken von A bis Z

ablösen

Mehlschwitze oder Bratenfond mit dem Schneebesen unter ständigem Rühren mit wenig Flüssigkeit oder Brühe aufgießen und glatt rühren

abschrecken

z. B. Eier nach dem Kochen kurz mit kaltem Wasser übergießen, damit sie nicht nachgaren und sich besser schälen lassen

al dente

kochen: z. B. Nudeln bissfest, d. h. nicht zu weich, kochen

auslassen

z. B. Speckwürfeln das Fett unter Hitzeeinwirkung entziehen

binden

Soßen, Suppen und Gemüsegerichte durch Zugabe von Mehl oder Speisestärke sämig machen – Mehl auf jeden Fall mit kaltem Wasser anrühren, damit sich keine Klümpchen bilden, eventuell nochmal durchsieben; dann in die kochende Flüssigkeit geben und unter ständigem Umrühren aufkochen lassen

blanchieren

z. B. Gemüse kurz in kochendes Salzwasser geben, durch ein Sieb abgießen und dann mit Eiswasser abschrecken; dadurch behält es Farbe und Geschmack

dünsten

z. B. Gemüse mit wenig Fett und Flüssigkeit ohne Bräunung bei geringer Hitze garen

Eier trennen

vorsichtig das Ei mit der Mitte der Längsachse auf die Kante eines festen Gefäßes aufschlagen; das Ei über ein Gefäß halten und behutsam an der eingedrückten Stelle auseinanderbrechen; im Idealfall entstehen zwei gleich große Hälften; dabei fließt schon ein Teil des Eiweißes in das bereitgestellte Gefäß; den Rest trennen, indem man das Eigelb von einer Hälfte in die andere gleiten lässt

flambieren

mit Alkohol (z. B. Weinbrand oder Rum mit mindestens 50 % Vol.) zur Geschmacksverbesserung übergießen, anzünden und brennend auftragen – der Alkohol verbrennt und zurück bleibt eine besondere „Flambierwürze" aus den Alkoholrückständen und Aromastoffen

Fond

Flüssigkeit, die sich beim Braten, Kochen und Dünsten von Fisch, Fleisch oder Gemüse im Topf absetzt, die beste Basis für eine Soße

frittieren

beim Frittieren werden die Lebensmittel komplett in Speiseöl oder -fett getaucht und gebraten; am wenigsten riecht Kokosfett; das Prinzip des Frittierens ist ähnlich dem des Kochens, nur werden hier deutlich höhere Temperaturen, 140–190°C, erreicht; um das Lebensmittel bildet sich so eine knusprige Hülle

gratinieren/überbacken

bei starker Oberhitze (ca. 200–250°C) im Backofen oder Grill schnell eine leichte Kruste oder Haut auf dem Gericht bilden lassen

grillen

durch trockene Strahlungshitze bei direkter Hitzeeinwirkung und hoher Temperatur garen

Legieren

siehe auch „binden"; nimmt man zum Legieren ein Eigelb, muss man aufpassen, dass es nicht gerinnt und ausflockt; deshalb sollte man immer das Eigelb mit einem Teil der Flüssigkeit verrühren, dann erst in die Soße oder Suppe geben und das Ganze dann nicht mehr aufkochen lassen

marinieren

Fisch oder Fleisch in eine mit Kräutern und Gewürzen angereicherte Flüssigkeit legen und über mehrere Stunden ziehen lassen

Mehlschwitze

eine Mischung aus Weizenmehl und Fett/Butter, mit der man Suppen oder Soßen bindet (z. B. Béchamelsoße); am Bräunungsgrad lässt sich weiße, blonde oder braune Mehlschwitze unterscheiden; man lässt die Butter/das Fett in einem Topf zergehen und gibt unter ständigem Rühren Mehl hinzu; dann löscht man mit der zu bindenden Flüssigkeit ab

panieren

vor dem Frittieren, Backen oder Braten hintereinander in Mehl, verquirltem Ei und Paniermehl wenden

parieren

das Befreien von Fisch, Fleisch oder Geflügel vor der Zubereitung von unerwünschten oder nicht essbaren Teilen, z. B. Sehnen, Haut oder Fett; diese Abfälle werden als „Parüren" bezeichnet und für Fonds verwendet

passieren

durch ein feines Sieb drücken oder pressen

pürieren

zu einem glatten Brei zerstampfen oder zerdrücken

rösten

ohne Zugabe von Flüssigkeit oder Fett in der Pfanne bräunen

schmoren

mit wenig Flüssigkeit und ohne Fett im geschlossenen Topf im Backofen oder auf dem Herd garen

spicken

mit Speckscheiben umwickeln oder Speckstreifen mithilfe einer Spicknadel durch fettarmes Fleisch ziehen

tranchieren

das fachgerechte, der Anatomie eines Schlachttieres angepasste Zerlegen von Fleisch und Geflügel

unterheben

geschlagene Sahne oder Eischnee vorsichtig unter eine andere Masse heben, ohne zu rühren

KAISERschmarrn

in zwei Varianten

Schnelles Menü | **für 4 Personen** | **ca. 45 Minuten + 2 Std. Vorbereitung**

Zubereitung:

1. Die Rosinen heiß waschen und für ca. zwei Stunden in dem Rum einweichen.

2. Für das Apfelmus die Äpfel schälen, entkernen und in Stücke schneiden. Mit 300 ml Wasser, dem Zitronensaft sowie dem Zucker in einen Topf geben. Bei sehr sauren Äpfeln etwas mehr Zucker nehmen. Das Ganze zum Kochen bringen und die Äpfel bei milder Hitze weich kochen lassen. Mit einem Pürierstab zu Apfelmus verarbeiten.

3. Die Eier trennen und den Zucker mit den Eigelben schaumig rühren. Dann Salz und Sahne hineinrühren.

4. Das Eiweiß steif schlagen, der Zucker-Sahne-Masse hinzufügen und vorsichtig das Mehl unterheben.

5. In einer Pfanne die Hälfte der Butter erhitzen, die Hälfte des Teigs hineinfüllen und glatt streichen. Ca. vier bis fünf Minuten bei geringer Temperatur backen, bis die Unterseite leicht gebräunt ist. Dann den Kaiserschmarrn wenden und von der anderen Seite goldgelb backen. Mit einem Holzspatel in mundgerechte Stücke teilen.

6. Für die zweite Hälfte des Teigs die restliche Butter in der Pfanne erhitzen, den Teig mit den Rosinen hineingeben, glatt streichen und den zweiten Kaiserschmarrn wie in Schritt fünf zubereiten.

7. Die Kaiserschmarrn auf Tellern anrichten und mit Puderzucker bestäuben. Mit dem Apfelmus servieren.

Zutaten:

280 g Mehl, 80 g Zucker

4 Prisen Salz

500 ml süße Sahne

12 Eier Größe M

1 EL Butter

100 g Rosinen

25 ml Rum

Puderzucker

Für das Apfelmus:

1,5 kg Äpfel

5 EL Zucker

1 EL Zitronensaft

Was heißt hier SCHMARRN?!?

> Zum Steifschlagen von Eiweiß müssen die Schüsseln und Rührbesen absolut fettfrei sein und es darf keine Spur von Eigelb im Eiweiß sein.

> Eischnee bekommt eine bessere Konsistenz, wenn vor dem Schlagen eine Prise Salz hinzugefügt wird.

SCHINKEN- und TOMATENnudeln

Schnelles Menü | **für 4 Personen** | **ca. 30 Minuten**

Zubereitung:

1. Die Nudeln nach Packungsanweisung in reichlich kochendem Salzwasser kochen. Wenn sie noch bissfest sind, abgießen, die Menge halbieren und gut abtropfen lassen.

2. Die Eier mit Salz und Pfeffer verrühren. Achtung: Vorsichtig würzen, der Schinken bringt auch Würze hinein!

3. Den Schnittlauch waschen, trocken schütteln und in feine Röllchen schneiden. Die Cherry-Tomaten waschen und trocknen lassen.

4. Für den Salat den Lollo-Rosso-Kopf vom Strunk befreien, in mundgerechte Stücke zupfen, waschen und auf einem Sieb trocknen lassen. Die Zwiebel schälen und in feine Würfel schneiden. Aus dem Salz, Pfeffer, Zucker, Zitronensaft Balsamico-Essig sowie Olivenöl eine Salatsoße rühren.

5. In einer Pfanne etwas Butterschmalz erhitzen, die Schinkenwürfel andünsten und die Hälfte der Nudeln hinzufügen. Die Hälfte der verrührten Eier über die Nudeln gießen und mit einem Holzspatel unter ständigem Rühren braten.

6. Für die zweite Hälfte der Nudeln das restliche Butterschmalz in der Pfanne erhitzen, die Cherry-Tomaten kurz andünsten und die restlichen Nudeln hinzufügen. Die restliche Eiermasse über die Nudeln gießen und mit einem Holzspatel unter ständigem Rühren braten. Die Nudeln etwas nachwürzen.

7. Den Salat kurz vor dem Servieren mit der Salatsoße anmachen und in Schüsselchen anrichten.

8. Die Nudeln vor dem Auftragen großzügig mit Schnittlauch bestreuen und mit dem Salat servieren.

... richtig was für MÄNNER! —

Zutaten:

500 g Nudeln, 1 EL Butterschmalz, 150 g mild geräucherter Roh-Schinken, fein gewürfelt 300 g Cherry-Tomaten, 4 Eier Salz, Pfeffer, 1 Bund Schnittlauch

Für den Salat:

1 Kopf Lollo Rosso, 1 EL Balsamico-Essig 1 EL Olivenöl, 1 Zwiebel Salz, Pfeffer, Zucker, Saft von ½ Zitrone

Schnell & preiswert ... mhm!

Mehr was für FRAUEN ...

KARTOFFELgratin
mit Harzer Soße

Zutaten:

750 g Kartoffeln

1 kleine Zucchini

3 Zwiebeln

30 g Butter oder Margarine

1 TL Gemüsebrühe, instant

125 g Crème fraîche

250 g Harzer Käse

125 ml süße Sahne

Fett für die Form

Salz, Pfeffer

Muskatnuss, gemahlen

HARZER? Ist das nicht der Stinkkäse?

Zubereitung:

1. Die Kartoffeln waschen, schälen und in ca. 3 bis 4 mm dünne Scheiben schneiden. Die Kartoffelscheiben in reichlich Salzwasser zum Kochen bringen. Bei geschlossenem Deckel ca. fünf Minuten köcheln lassen, abgießen und gut abtropfen lassen.

2. Die Zucchini waschen, eventuell schadhafte Stellen sowie den Stiel und die Blüte wegschneiden und die Zucchini ebenfalls in dünne Scheiben schneiden.

3. Die Zwiebeln schälen und fein würfeln. Die Butter bzw. Margarine in einer Pfanne schmelzen und die Zwiebelwürfel darin glasig dünsten. Achtung: Die Butter darf nicht zu heiß werden, sonst verbrennt sie schnell!

4. Den Backofen auf 200° C, Gas Stufe 3–4, Umluft 180° C vorheizen.

5. ¼ l heißes Wasser mit der Instant-Gemüsebrühe verrühren. Mit Salz, Pfeffer und Muskatnuss würzen. Die Crème fraîche dazugeben, das Ganze erwärmen und den Harzer Käse darin schmelzen lassen. Zum Schluss die Sahne hinzufügen.

6. Eine Auflaufform einfetten, die Kartoffelscheiben hineinlegen und die Zucchinischeiben zwischen den Kartoffeln verteilen.

7. Die angedünsteten Zwiebelwürfel darüber verteilen und das Gratin mit der vorbereiteten Soße bedecken. Ca. 25 Minuten im vorgeheizten Ofen backen und servieren.

KARTOFFELpuffer
mit Schnittlauch-Quark

Schnelles Menü  **für 4 Personen** **ca. 40 Minuten**

Zutaten:

1 kg Kartoffeln, 1 Ei

3 EL Mehl, ½ TL Salz

Muskatnuss, gemahlen

8 EL Sonnenblumenöl

500 g Magerquark

½ TL Kümmel

1 geriebene Zwiebel

2 EL Schnittlauchröllchen

Pfeffer

Zubereitung:

1. Die Kartoffeln schälen, grob reiben, in ein Haarsieb geben und gut ausdrücken. Das austretende Kartoffelwasser abgießen.

2. Ei, Mehl und Salz unter die geriebenen Kartoffeln mischen und mit Muskat würzen. Aus dem Teig flache Puffer formen und in sechs Esslöffeln erhitztem Öl schön knusprig ausbacken.

3. Den Quark mit dem restlichen Öl cremig rühren, Kümmel, Zwiebel und Schnittlauchröllchen unterheben und mit Salz sowie Pfeffer pikant abschmecken. Die Kartoffelpuffer mit Schnittlauchquark servieren.

Für fleischlose Tage ...

33

FRIKADELLEN
mit Kartoffelsalat

Schnelles Menü | für 4 Personen | ca. 50 Minuten

Zutaten:

600 g gemischtes Hackfleisch

1 altbackenes Brötchen

2 Eier

2 Zwiebeln

½ Knoblauchzehe

Salz, Pfeffer

Muskatnuss, gemahlen

1 Bund Petersilie

1 TL Majoran

½ TL Paprikapulver

40 g Butterschmalz

1 kg festkochende Kartoffeln

Essig, Pflanzenöl

ca. ¼ l Gemüsebrühe

Zubereitung:

1. Die Kartoffeln ca. 20 Minuten in der Schale kochen, pellen und noch warm in Scheiben schneiden. Die Zwiebeln und den Knoblauch schälen und fein würfeln. Die Petersilie waschen, trocken schütteln und fein hacken.

2. Aus der warmen Gemüsebrühe, Salz, Pfeffer, Essig, Öl sowie der Hälfte der Zwiebelwürfel und der Petersilie eine Vinaigrette rühren. Über die Kartoffelscheiben gießen, vermischen und gut durchziehen lassen.

3. Das Brötchen einige Minuten in warmem Wasser einweichen und gut ausdrücken.

4. Das Hackfleisch, die Eier und das Brötchen in eine Schüssel geben. Zwei Teelöffel Butterschmalz erhitzen, die Knoblauchwürfel sowie die restlichen Zwiebelwürfel anschwitzen und dem Hackfleisch hinzufügen. Mit dem Salz, Pfeffer, Muskatnuss, Majoran und Paprikapulver abschmecken. Die restliche Petersilie hinzufügen und die Hackfleischmasse gut durchkneten.

5. Aus der Hackfleischmasse handflächengroße Frikadellen formen und in dem restlichen erhitzten Butterschmalz schön braun braten. Die Frikadellen mit dem Kartoffelsalat auf Tellern anrichten und servieren.

> Für den Kartoffelsalat möglichst gleich große Kartoffeln verwenden, damit alle zur gleichen Zeit gar werden.
> Salatvariante: Radieschen waschen, in Scheiben schneiden und unter den Salat mischen.
> Das altbackene Brötchen kann auch durch Weißbrot ersetzt werden.

Wichtig!!!
Unbedingt festkochende Kartoffeln nehmen,
sonst wird das Ganze matschig.

Schmecken wie bei Mama. Leckaaaa!

MÜNCHNER Schnitzel
mit Kartoffel-Gurken-Salat

 Schnelles Menü · für 4 Personen · ca. 50 Minuten

Zutaten:

8 kleine Schweineschnitzel

(vom Rücken)

4 EL süßer Senf

Salz, Pfeffer

50 g Mehl

100 g Semmelbrösel

2 Eier

100 g Butterschmalz

1 kg festkochende Kartoffeln

1 Zwiebel

¼ l Gemüsebrühe

½ Salatgurke

Cocktailtomaten

½ Bund Petersilie

Essig, Pflanzenöl

Zubereitung:

1. Die Kartoffeln in der Schale ca. 20 Minuten kochen, pellen und noch warm in Scheiben schneiden. Die Gurke schälen, vierteln und in Scheiben geschnitten zu den Kartoffeln geben. Ein paar Gurkenscheiben für die Dekoration zurückbehalten. Die Zwiebel schälen und fein würfeln. Die Petersilie waschen, trocken schütteln und fein hacken.

2. Aus der warmen Gemüsebrühe, Salz, Pfeffer, Essig und Öl sowie der Zwiebel und der Petersilie eine Vinaigrette rühren und über den Salat gießen. Alles vermischen und gut durchziehen lassen. Mit den zurückbehaltenen Gurkenscheiben und ein paar Cocktailtomaten garnieren.

3. Die Schnitzel kalt abwaschen, mit Küchenkrepp trocken tupfen, von beiden Seiten mit Salz und Pfeffer würzen und mit dem süßen Senf bestreichen. Die Eier in einem Teller verquirlen, das Mehl und die Semmelbrösel ebenfalls auf Teller geben. Die Schnitzel nacheinander in Mehl wenden, durch die Eier ziehen und mit Semmelbröseln panieren.

4. Das Butterschmalz in einer Pfanne erhitzen und die Schnitzel nacheinander darin auf jeder Seite 4 bis 5 Minuten goldbraun braten. Herausnehmen, auf Küchenkrepp abtropfen lassen und im Backofen bei 80° C warm stellen.

5. Die Schnitzel auf Tellern anrichten und mit dem Kartoffel-Gurken-Salat servieren.

I ♡ Schnitzel!!!

Männer Liiiiiiiieben SCHNITZEL!

CHINA-Pfanne
mit Seelachsfilet

Schnelles Menü · für 4 Personen · ca. 35 Minuten

Zutaten:

600 g Seelachsfilet

je 1 rote u. gelbe Paprikaschote

250 g Sojasprossen

150 g frische Shiitake-Pilze,
ersatzweise Champignons

2 EL Öl, 8 EL süße Chilisoße

100 ml Gemüsebrühe, Salz

Für die Marinade:

1 Knoblauchzehe, 1 Zitrone

2 EL Honig, 8 EL Sojasoße

Zubereitung:

1. Das Seelachsfilet unter kaltem, fließendem Wasser abwaschen, mit Küchenkrepp trocken tupfen und in grobe Würfel schneiden.

2. Den Knoblauch schälen und fein würfeln. Die Zitrone auspressen. Den Honig, Zitronensaft, Sojasoße und die Knoblauchwürfel verrühren. Das Fischfilet darin 20 Minuten marinieren.

3. Die Paprikaschoten halbieren, die weißen Trennwände und Kerne entfernen, waschen und klein schneiden. Die Sojasprossen waschen und abtropfen lassen.

4. Die Shiitake-Pilze mit einem Pilz- oder Kuchenpinsel säubern. Nicht waschen, da sie sich schnell mit Wasser vollsaugen und an Geschmack verlieren! Ganz hartnäckiger Schmutz kann mit einem Küchenmesser weggeschnitten werden. Die Stielenden unten abschneiden und die Pilze halbieren. Nur einwandfreie Pilze verwenden.

5. Das Fischfilet gut abtropfen lassen und die Marinade dabei auffangen. Das Öl in einer beschichteten Pfanne erhitzen. Die Fischfiletstücke portionsweise im heißen Öl rundherum ca. zwei Minuten braten. Herausnehmen und warm stellen.

6. Die Paprikastücke und die Pilze kräftig in der Pfanne anbraten und die Marinade, die Chilisoße sowie die Gemüsebrühe hinzufügen. Zwei Minuten köcheln lassen, dann die Sojasprossen und Fischfiletwürfel hinzufügen. Mit Salz abschmecken und noch einmal kurz erhitzen. In Schüsselchen servieren.

Kubanische GEWÜRZ-Pfanne

 Schnelles Menü  für 4 Personen   ca. 35 Minuten

Zutaten:

500 g Schweinefleisch

je 1 große grüne und

gelbe Zucchini

1 rote Zwiebel

4 Frühlingszwiebeln

1 große Banane

2 EL Speiseöl

200 ml Kokosmilch

200 ml Gemüsebrühe

100 ml Weißwein

Salz

1 TL Curry, z. B. „Goldelefant"

von Fuchs

½ TL Paprika, edelsüß, mild

¼ TL Cayennepfeffer

Zubereitung:

1. Das Schweinefleisch kalt abwaschen, trocken tupfen und in Streifen schneiden. Die Zucchini waschen, putzen, der Länge nach achteln und in Stifte schneiden. Die Zwiebel schälen und in Ringe schneiden. Die Frühlingszwiebeln putzen, waschen und längs in ca. 2 cm lange Streifen schneiden. Die Banane schälen und in Scheiben schneiden.

2. Die Schweinefleischstreifen in dem erhitzten Öl anbraten. Die Zucchinistifte und Zwiebelringe hinzufügen und ca. fünf Minuten mitdünsten. Kokosmilch, Gemüsebrühe und Wein angießen, aufkochen und ca. acht bis zehn Minuten garen. Die Frühlingszwiebeln untermischen. Das Ganze mit Salz, Curry, Paprika und Cayennepfeffer abschmecken und zum Schluss die Bananenscheiben hinzufügen.

Gewürz-Pfanne? Da ist doch hoffentlich FLEISCH drin!

BUNTE Cowboypfanne ✓

 Schnelles Menü für 4 Personen   ca. 45 Minuten

Zubereitung:

1. Für die Barbecuesoße die Fleischtomaten waschen, vierteln, den Stielansatz entfernen und die Tomaten in Würfel schneiden. Das Öl erhitzen und die Tomatenwürfel sowie den Knoblauch darin ca. fünf Minuten dünsten. Die Soße pürieren und mit dem Honig, Senf, Chillies-Flocken sowie Salz abschmecken.

2. Die Kartoffeln waschen, schälen, in Spalten schneiden und in dem erhitzten Öl in einer Pfanne ca. 20 bis 25 Minuten goldbraun braten. Anschließend die Kartoffelspalten herausnehmen und warm stellen. Die Zwiebeln schälen und in Ringe schneiden. Die Paprikaschoten halbieren, die weißen Trennwände und Kerne entfernen, waschen und in Würfel schneiden.

3. Die Steaks kalt abwaschen, trocken tupfen, in Streifen schneiden und in dem verbliebenen Bratfett der Kartoffeln anbraten. Die Zwiebelringe, den Knoblauch und die Paprikawürfel hinzufügen und andünsten. Die Kidneybohnen gut abtropfen lassen, zusammen mit den warm gestellten Kartoffeln hinzufügen und kurz mit erhitzen. Die Cowboypfanne mit Salz und Steakhouse-Pfeffer würzen und mit der Barbecuesoße servieren.

Komm her, du feige Socke!
Meine Pfanne bekommst du nicht!

Zutaten:

Für die Barbecuesoße:	Für die Kartoffel-Pfanne:
4 Fleischtomaten	600 g Kartoffeln, 2 EL Speiseöl, 2 Zwiebeln
2 TL Speiseöl, 2 TL Knoblauch, frisch	je 1 rote, grüne und gelbe Paprikaschote
eingelegt, gehackt, z. B. von Fuchs	500 g Rindersteaks, 1 TL Knoblauch,
4 EL Honig, 2 TL mittelscharfer Senf	frisch eingelegt, gehackt
½–1 TL Chillies-Flocken	1 Dose (= 425 ml) Kidneybohnen
Salz	Salz, 3–4 TL Steakhouse-Pfeffer

Yiehaaahhh!
Die gehört mir!

THUNFISCH-Pasta ✓
„Diavolo"

 Schnelles Menü für 2 Personen ca. 25 Minuten

Zutaten:

150 g Spaghetti

100 g Rucola

2 rote, eingelegte Peperoni

50 g Parmesan

1 Dose (= 160 g) Saupiquet
Thunfisch für Pasta
„Knoblauch & Peperoncino"

Zubereitung:

1. Die Spaghetti nach Packungsanweisung in reichlich kochendem Salzwasser kochen. Wenn sie noch bissfest sind, abgießen und gut abtropfen lassen.

2. Den Rucola waschen, die Stiele entfernen und die Blätter grob hacken.

3. Die Peperoni in Ringe schneiden und den Parmesan grob reiben.

4. Den Thunfisch für Pasta „Knoblauch & Peperoncino" in einer Schüssel mit einer Gabel etwas zerkleinern. Die Spaghetti und die Peperoniringe untermischen.

5. Die Thunfisch-Pasta mit Parmesan und Rucola bestreut servieren.

schmeckt (teuflisch) gut!

PENNE all'arrabbiata

Schnelles Menü für 4 Personen ca. 50 Minuten

Zutaten:

750 g Tomaten

1 kleine Zwiebel

4 Knoblauchzehen

1–2 Peperoncini-Schoten
(Achtung: Schärfe kann je
nach Sorte stark variieren!)

2 EL Olivenöl, 500 g Penne

½ Bund Basilikum

50 g Hartkäse

*Huiiiii!
Wer ist hier scharf?*

Zubereitung:

1. Die Tomaten enthäuten, indem man den Strunk entfernt und die Unterseite kreuzförmig einritzt. Die Tomaten mit reichlich kochendem Wasser übergießen. Wenn sich die eingeritzte Haut rollt, die Tomaten aus dem Wasser nehmen und mit kaltem Wasser abschrecken. Jetzt kann man die Haut mit einem spitzen Messer einfach abziehen und das Fruchtfleisch in Würfel schneiden.

2. Die Zwiebel und den Knoblauch schälen. Die Zwiebel fein würfeln und den Knoblauch hacken. Die Peperoncini waschen und fein hacken.

3. Das Olivenöl erhitzen und die Zwiebeln, den Knoblauch und die Peperoncini-Stücke anschwitzen. Die Tomatenwürfel hinzufügen, salzen und 20 bis 30 Minuten kochen.

4. Die Nudeln nach Packungsanweisung in reichlich kochendem Salzwasser bissfest garen. Das Basilikum waschen, trocken schütteln und fein schneiden.

5. Die Nudeln nach dem Abgießen nicht abspülen, sondern sofort mit der Soße und dem Basilikum mischen. So wird die Soße durch die Reststärke im Nudelwasser sämiger. Die Nudeln mit der Soße auf Tellern anrichten, den Hartkäse darüberreiben und servieren.

Warum immer ich???

Feine
Grieß-PUFFER
mit Pflaumensoße

Zutaten:

Für die Puffer:

200 ml Milch

50 g Goldpuder Hartweizen-Grieß, 2 EL Vanillezucker

1 Prise Salz, 100 g Magerquark

Für die Soße:

300 g Pflaumen

150 ml trockener Rotwein

4 EL Zucker, ½ TL Zimt

Außerdem:

Butter zum Braten

Puderzucker

2 EL geröstete Mandelblättchen

frische Zitronenmelisse

„Hicks", Rotwein-Pflaumen ...

Zubereitung:

1. Die Milch aufkochen und den Grieß sowie den Vanillezucker hineinrieseln lassen. Das Salz hinzufügen, umrühren und einmal aufkochen. Den Topf vom Herd nehmen und den Grieß ausquellen lassen. Den Quark unterrühren.

2. Die Pflaumen waschen, entsteinen und in Spalten schneiden. Den Rotwein mit dem Zucker und Zimt aufkochen. Die Hitze reduzieren, die Pflaumen hinzufügen und ca. fünf Minuten darin garen.

3. Die Butter in einer Pfanne erhitzen, aus der Grießmasse ca. 12 runde Plätzchen formen und darin von beiden Seiten goldbraun braten.

4. Die Grieß-Puffer mit der Pflaumensoße auf Tellern anrichten und mit Puderzucker und Mandelblättchen bestreuen. Mit Zitronenmelisse garniert servieren.

Süße
PFANNkuchen
mit Apfelschnee

Zutaten:

4 Äpfel

Saft von 1 Zitrone

200 g Apfelmus

ca. 75 g Sirup mit Karamellge-
schmack, z. B. von Grafschafter

150 g Mehl

2 Eier

125 ml Milch

1 Prise Salz

2 EL Speiseöl

Für die Dekoration:
süße Sahne, Johannisbeeren

Schokoraspeln

frische Kräuterzweige

Puderzucker

... macht so scheee!

Zubereitung:

1. Die Äpfel waschen, Deckel abschneiden und das Kerngehäuse herausstechen. Die Äpfel leicht aushöhlen und mit dem Zitronensaft beträufeln, damit sie nicht braun werden.

2. Das Apfelmus mit dem Sirup verrühren, in die Äpfel füllen und die abgeschnittenen Deckel daraufsetzen.

3. Das Mehl, die Eier, die Milch und das Salz verrühren. Das Öl in einer Pfanne erhitzen und dünne Pfannkuchen ausbacken. Die Pfannkuchen zusammenklappen und auf Tellern anrichten.

4. Die Pfannkuchen mit steif geschlagener Sahne, Johannisbeeren, Schokoraspeln und Kräuterzweigen garnieren und mit Puderzucker bestäubt servieren. Dazu die gefüllten Äpfel reichen.

45

KOCHschule

DENN WISSEN
LEKTION 3
IST MACHT!

Wissen für Angeber

Theoretisch haben Sie in den ersten beiden Lektionen schon so Einiges gelernt. Wenn Sie nun allerdings auch mit Hintergrundwissen so richtig glänzen oder mal vor anderen so richtig auf den Putz hauen möchten, finden Sie hier das eine oder andere gut gehütete Geheimnis zu den unterschiedlichsten Lebensmitteln.

Wie viel **Kalbsleber** muss eigentlich in einer Kalbsleberwurst sein? Die Antwort wird Sie verblüffen: keine! Leber muss zwar auch enthalten sein, aber die kommt in aller Regel vom Schwein. Allerdings muss Kalbfleisch darin sein.

Lassen Sie sich nicht durch den Zusatz „cholesterinfreies" Speiseöl täuschen. Fast alle pflanzlichen Fette (Rapsöl, Sonnenblumenöl, usw.) haben so gut wie kein Cholesterin!

Wer denkt bei **Körnerbrot** nicht an **Vollkorn**? Vollkornbrot darf sich per gesetzlicher Definition nur das Brot nennen, das mindestens 90 % Vollkornmehl enthält. Angeboten werden viele Brötchen und Brote, die durch dunkle Färbung und Deko-Körner den Vollkorn-Look vortäuschen.

 Verstehen Sie unter einem **Landei** jemanden, der nicht in der Stadt wohnt, oder gehen Sie davon aus, unter diesem Namen ein Ei frisch vom Bauernhof zu bekommen? Muss nicht sein: Es kann sich auch um ein Ei aus der Legebatterie handeln. Diese können auch auf dem Land stehen.

Bei **Nektar** denken Sie an Natur, Bienen, Honig?? Weit gefehlt – Nektar als Bezeichnung für Fruchtsaft heißt lediglich, dass es sich um eine Mischung aus Fruchtsaft, Wasser und Zucker handelt. Der Fruchtanteil beträgt zwischen 25 und 50 %, der Zuckeranteil ist hoch!

Wer glaubt, **deutscher Kaviar** stamme vom in deutschen Gewässern gefangenen Stör, täuscht sich gewaltig. Es handelt sich hierbei um gefärbten und aromatisierten Fischrogen vom Seehasen. Und der wird vor Island gefangen.

 **Unbehandelte Zitronen** sind an der Oberfläche nach der Ernte nicht behandelt worden. So weit stimmt es. Jetzt aber zu vermuten, die Zitrone sei aus biologischem Anbau, würde zu weit gehen. Der Einsatz von Düngern und Pestiziden beim Anbau ist damit nicht ausgeschlossen!

Was ist eine künstliche Mischung aus Leitungswasser und anderen Zutaten wie Salzwasser oder Mineralien? Das ist **Tafelwasser**. Schade, oder? Der Name suggeriert ein hochwertiges, wertvolles Mineralwasser auf einer prachtvoll gedeckten Tafel. So kann man sich irren.

Nach Originalrezept … Wer sagt denn, dass Originalrezepte gut schmecken oder Qualitätsprodukte sind? Die Rezepte meiner Mutter z. B. sind …

Die **Münchner Weißwurst** ist der Bayern Stolz, die Rohstoffe für die Wurst können aber aus der ganzen Welt kommen.

Smoothies sind zwar trendy und ausgesprochen lecker, aber ganz sicher kein Ersatz für täglich frisches Obst. Denn püriertes, mit Saft versetztes Obst kann frisches Obst nicht ersetzen.

 Von wegen leckere **geräucherte Wurst**, direkt über Holz im Räucherschrank geräuchert … Das Fleisch kann durchaus in industriellen Flüssigrauch getränkt worden sein.

Bayerischen Leberkäse dürfen Sie nicht beim Wort nehmen: Er enthält in der Regel gar keine Leber und ein echter Bayer muss er auch nicht sein.

Alkoholfreies Bier scheint zunächst tatsächlich alkoholfrei. Stimmt aber nicht! Es kann bis zu 0,5 % Alkohol enthalten. Prost!

Begriffe wie „artgerechte Tierhaltung" und „Premium" sind keine geschützten Bezeichnungen und können von daher frei verwendet werden!

Profi-Tipps, gewusst wie ...

→ Sauerkraut am besten vorher probieren und eventuell mit kaltem Wasser abwaschen. Dann erst kochen. Wenn es dennoch zu sauer geraten ist, kann man die Säure durch etwas heißen Apfelsaft deutlich mildern.

→ Blanchierte Karotten in Butter vorsichtig heiß schwenken, damit sie ihre leuchtend orangene Farbe behalten. Bei zu starker Hitze bräunt das Gemüse durch den Zuckergehalt schnell.

→ Ältere Brötchen oder Toast kann man klein würfeln und in Butter zu Croûtons anrösten. Diese dann auf Cremesuppen oder Gemüse verteilen. Das schmeckt nicht nur, sondern sieht auch noch gut aus – Das Auge isst schließlich mit.

→ Frische Steinpilze bleiben heller, wenn man sie in etwas trockenem Weißwein etwa zehn Minuten dünstet.

→ Bratkartoffeln werden schön goldbraun und knusprig, wenn man wenige Semmelbrösel darüberstreut.

→ Frische Erdbeeren entkelcht man erst nach dem Waschen, damit sie nicht verwässern. Mit etwas Zucker eine Stunde bei Zimmertemperatur zugedeckt stehen lassen und sie entfalten ihr volles Aroma.

→ Mit Mehlbutter lässt sich jede Soße nachträglich binden. Sie darf aber nicht direkt in die kochende Flüssigkeit gegeben werden. Stattdessen verknetet man zunächst 25 g Butter und 30 g Mehl miteinander und rührt nach und nach so viel davon in kleinen Flöckchen in die Soße, bis sie die gewünschte Konsistenz aufweist.

→ Rindfleisch zum Kochen legt man immer in kochendes, leicht gesalzenes Wasser, damit es saftig bleibt, denn die Poren schließen sich im kochenden Wasser. Möchte man eine gute Fleischbrühe, legt man das Stück Fleisch in kaltes, gesalzenes Wasser. Es kocht dann regelrecht aus.

→ Überbackener Käse (gerieben oder in Scheiben) darf nur hellgelb werden, denn heißer brauner Käse schmeckt bitter.

→ Eier lagert man am besten im Kühlschrank mit der Spitze nach unten in einem geschlossenen Behälter. Die poröse Schale nimmt schnell Gerüche an. Auf keinen Fall neben Käse lagern.

→ Knoblauch entwickelt sein volles Aroma, wenn man ihn presst statt hackt. Vorsicht: Er darf nicht zu heiß gebraten werden, sonst wird er bitter!

→ Beim Zubereiten von Kartoffelpüree auf keinen Fall einen Pürierstab oder ein Handrührgerät verwenden. Dann wird das Püree klebrig wie Kleister!

Hab alles im Griff, Baby!

überbackene
SCHWEINElendchen

Schon etwas mehr Aufwand | für 4 Personen | ca. 20 Min. + 30 Min. Backzeit

Zubereitung:

1. Den Backofen auf 200° C, Gas Stufe 3–4, Umluft 180° C vorheizen.

2. Die Lende unter kaltem, fließenden Wasser abwaschen und mit Küchenkrepp trocken tupfen. In sechs gleich große Stücke schneiden, ungewürzt scharf in dem erhitzten Butterschmalz anbraten und in eine Auflaufform legen.

3. Die Zwiebeln und die Knoblauchzehe schälen. Die Zwiebeln in Scheiben schneiden und den Knoblauch durch die Knoblauchpresse drücken.

4. In dem heißen Butterschmalz die Zwiebelscheiben goldbraun braten und dann den Knoblauch mit anbraten. Mit der Sahne und der Crème double aufgießen und mit Salz sowie Pfeffer würzen. Leicht abkühlen lassen.

5. Die Petersilie waschen, trocken schütteln und klein schneiden. Einen gehäuften Esslöffel für die Dekoration zurückbehalten und den Rest unter die Zwiebel-Sahne heben.

6. Die Soße über die Lendchen gießen, den geriebenen Käse sowie die zurückbehaltene Petersilie darübergeben und ca. 30 Minuten im Backofen garen.

7. Die Tomaten waschen, in Achtel schneiden und in eine große Salatschüssel geben. Die Zwiebel schälen und fein würfeln.

8. Die Petersilie waschen, trocken schütteln und klein schneiden. Aus den Gewürzen, Petersilie, Zwiebelwürfeln, Essig und Öl eine Salatsoße zubereiten und unter die Tomaten heben. Die überbackenen Schweinelendchen mit dem Tomatensalat servieren.

Zutaten:

Für die Lendchen:	Für den Tomatensalat:
1 Schweinelende, ca. 500 g	800 g Tomaten
5 Zwiebeln, 1 Knoblauchzehe	1 kleine Zwiebel
2 Bund Petersilie, 200 ml süße Sahne	Salz, Pfeffer, etwas Zucker
125 ml Crème double	1 Bund Petersilie
200 g geriebener Käse	2 EL Balsamico-Essig
50 g Butterschmalz, Salz, Pfeffer	6 EL Öl

> Reichen Sie dazu Stangenweißbrot.
> Der Salat kann im Prinzip sofort serviert werden, schmeckt aber wesentlich besser, wenn er mindestens eine Stunde bei Zimmertemperatur durchgezogen hat.

Ich liebe Schweinelendchen!
Hoffentlich Susanne auch ...?

RINDERrouladen

Zubereitung:

1. Den Backofen (Ober- und Unterhitze) auf 100°C vorheizen und einen feuerfesten Glastopf darin erwärmen. Die Rinderrouladen unter kaltem, fließendem Wasser abwaschen und mit Küchenkrepp trocken tupfen. Die Paprika halbieren, die weißen Trennwände und Kerne entfernen und waschen. Eine Hälfte in dünne Streifen schneiden. Die Essiggurken längs in Streifen schneiden.

2. Die Rouladen ausbreiten, mit Salz und Pfeffer bestreuen und mit Senf bestreichen. Auf 2/3 der Rouladen ca. 2/3 der Mini Schinkenwürfel, die Paprika- und die Essiggurkenstreifen gleichmäßig verteilen. Die Rouladen vorsichtig, sodass alles schön verteilt bleibt, aufrollen und mit Küchengarn zusammenbinden.

3. Die Zwiebeln schälen und würfeln. Das Butterschmalz in einer Pfanne erhitzen, die Rouladen in ca. fünf Minuten rundherum anbraten, herausnehmen und in den vorgewärmten Glastopf legen. In dem Bratenansatz die Zwiebeln andünsten, die restlichen Schinkenwürfel hinzufügen und mit anbraten. Die zweite Paprikahälfte in feine Würfel schneiden und zusammen mit dem Mehl in die Pfanne geben. 1 l Wasser zum Kochen bringen und das Bratenfond-Pulver darin auflösen. Zu den Zwiebeln geben und aufkochen lassen.

4. Die Rouladen in dem Glastopf mit der Soße auffüllen und zudecken. Auf der mittleren Schiene des Backofens bei 100°C ca. drei Stunden und dann bei 120°C noch weitere 30 bis 40 Minuten garen. Die Rouladen mehrmals in der Soße wenden.

5. In der Zwischenzeit die großen Blätter und Stiele vom Kohlrabi entfernen. Die Kohlrabi schälen, vierteln, in Scheiben und dann in feine Streifen schneiden. In einem Topf die Butter schmelzen und die Kohlrabistreifen darin kurz schwenken. Zwei Esslöffel Wasser hinzugeben und mit Pfeffer und Salz würzen. Einen Deckel auflegen und die Kohlrabi ca. 15 bis 20 Minuten bei niedriger Temperatur dünsten. Die Petersilie waschen, trocken schütteln und klein schneiden. Die Oliven in Scheiben schneiden.

6. Nach der Garzeit der Rouladen den Topf herausnehmen, die Rouladen auf einen feuerfesten Teller legen, das Garn entfernen und in den noch warmen Backofen stellen. Die Soße mit dem Soßenpulver nochmals kurz aufkochen und mit Salz und Pfeffer abschmecken. Die Rouladen zurück in die heiße Soße legen.

> Dazu schmecken sehr gut Salzkartoffeln.
> Vor dem Servieren die Petersilie über die Kartoffeln und die Olivenringe über den Kohlrabi streuen.

Zutaten:

6 Rouladen aus der Oberschale

2 Essiggurken, 1 rote Paprikaschote

2 Packungen à 150 g Mini Schinkenwürfel

Senf, 50 g Butterschmalz

3 Zwiebeln

4 TL Bratenfond, instant

2 EL Soße zum Braten, instant

1 EL Mehl

Salz, frisch gemahlener Pfeffer

Küchengarn

Für das Kohlrabigemüse:

3 Kohlrabi

40 g Butter

Salz, Pfeffer

Für die Dekoration:

½ Bund Petersilie

100 g schwarze Oliven, ohne Stein

Boah, sind die dick, Mann!

THUNfisch
mit Basilikum-Kartoffelsalat

Schon etwas mehr Aufwand   für 4 Personen   ca. 40 Minuten

Zutaten:

2 Dosen à 185 g Saupiquet
Thunfisch-Filets
„in feinstem Olivenöl"
3 Zucchini
20 g Pinienkerne
8 festkochende Kartoffeln
1 Bund Basilikum
3 EL heller Balsamico-Essig
Salz, Pfeffer

Zubereitung:

1. Die Thunfisch-Filets abtropfen lassen und das Olivenöl dabei auffangen.

2. Die Zucchini waschen, eventuell schadhafte Stellen sowie den Stiel und die Blüte wegschneiden und längs in feine Scheiben hobeln. Zwei Esslöffel von dem aufgefangenen Öl erhitzen und die Zucchinischeiben darin anbraten.

3. Die Pinienkerne kurz ohne Öl rösten. Sobald sie goldbraun sind, gleich aus der Pfanne nehmen und auf Küchenkrepp geben, da sie sonst schwarz werden.

4. Die Kartoffeln waschen und in Salzwasser ca. 20 Minuten gar kochen. Nicht zu weich werden lassen, sonst zerfallen die Kartoffelscheiben leicht. Das Wasser abgießen, die Kartoffeln abdampfen und die noch warmen Kartoffeln pellen und in dünne Scheiben schneiden. Das Basilikum waschen, trocken schütteln und fein schneiden.

5. Das Basilikum mit dem Salz, Pfeffer, Essig und zwei weiteren Esslöffeln des aufgefangenen Öls verrühren und mit den Kartoffeln mischen.

6. Den Kartoffelsalat mit den Zucchinischeiben und den Thunfisch-Filets auf Tellern anrichten und mit den Pinienkernen bestreut servieren.

> Verfeinern Sie das Gericht mit zwei Esslöffeln entkernten, klein geschnittenen Oliven.
> Wenn Sie die Kartoffeln schon am Vortag kochen und geschält aufbewahren, zerfallen die Scheiben nicht so leicht und der Salat sieht schöner aus.

Lachs-GNOCCHI-Pfanne
mit Senfsoße

Schon etwas mehr Aufwand | für 4 Personen | ca. 35 Minuten

Zutaten:

600 g Lachsfilet

1 große grüne Salatgurke

1 Zwiebel

1 Bund glatte Petersilie

2 EL Butterschmalz

300 ml Gemüsebrühe

250 g Gnocchi

150 ml süße Sahne

3–4 TL mittelscharfer Senf

2 EL Soßenbinder
für helle Soßen

Salz, Pfeffer, Zucker

Zubereitung:

1. Das Lachsfilet unter kaltem, fließendem Wasser abwaschen, mit Küchenkrepp trocken tupfen, in grobe Würfel schneiden und leicht salzen.

2. Die Gurke schälen, längs halbieren, entkernen und in Stücke schneiden. Die Zwiebel schälen und würfeln. Die Petersilie waschen, trocken schütteln und hacken.

3. Einen Esslöffel Butterschmalz in einem Topf erhitzen und die Zwiebel- sowie Gurkenstücke darin andünsten. Alles mit der Gemüsebrühe ablöschen, Salz, Pfeffer sowie eine Prise Zucker hinzufügen und weitere zwei bis drei Minuten dünsten.

4. Das restliche Butterschmalz in einer beschichteten Pfanne erhitzen und die Lachswürfel portionsweise darin rundherum anbraten.

5. Die Gnocchi nach Packungsanweisung in reichlich kochendem Salzwasser kochen, abgießen und gut abtropfen lassen.

6. Die Lachswürfel, die Sahne und den Senf zu dem Gemüse geben und weitere drei Minuten dünsten.

7. Die Petersilie hinzufügen, die Soße abschmecken und mit dem Soßenbinder binden. Mit den Gnocchi auf Tellern anrichten und servieren.

SCHOLLENfiletröllchen
in Garnelensoße

 Schon etwas mehr Aufwand — für 4 Personen — ca. 40 Minuten

Zubereitung:

1. Den Backofen auf 180° C, Gas Stufe 2–3, Umluft 160° C vorheizen.

2. Die Zwiebel und den Knoblauch schälen, fein hacken und in der heißen Butter glasig andünsten. Das Mehl darübersieben und anschwitzen. Mit der Brühe und dem Wein ablöschen.

3. Die Petersilie waschen, trocken schütteln, klein schneiden und in die Brühe rühren. Einen Esslöffel Petersilie für die Dekoration zurückbehalten. Die Soße mit dem Zitronensaft und rosa Pfeffer würzen. Die Sahne und die Garnelen unterrühren.

4. Die Schollenfilets unter kaltem, fließendem Wasser abwaschen, mit Küchenkrepp trocken tupfen und längs halbieren. Mit Salz und Pfeffer würzen, aufrollen und mit Zahnstochern feststecken.

5. Die Filetröllchen in eine gefettete Auflaufform setzen, die heiße Soße darübergießen und ca. 20 Minuten im Backofen garen.

6. Die Reis-Mischung in 400 ml kochendem Salzwasser zugedeckt bei schwacher Hitze ca. 20 Minuten garen, bis der Reis die Flüssigkeit aufgenommen hat.

7. Die Zuckerschoten putzen und in kochendem Salzwasser zwei bis drei Minuten bissfest garen.

8. Den Reis und die Zuckerschoten mit den Filetröllchen und der Soße auf Tellern anrichten. Mit rosa Pfeffer und der zurückbehaltenen Petersilie garniert servieren.

Zutaten:

1 Zwiebel, 1 Knoblauchzehe	90 g küchenfertige, gegarte Garnelen
2 EL Butter, 1–2 EL Mehl	4 Schollenfilets à ca. 120 g
360 ml Hühnerbrühe	Fett für die Form
50 ml trockener Weißwein	200 g USA Wildreis-Mischung
½ Bund Petersilie, 2 EL Zitronensaft	(Wildreis & Langkorn-Reis)
rosa Pfeffer, gemahlen	200 g Zuckerschoten
75 ml süße Sahne	Salz, Pfeffer, Zahnstocher

Davon soll ich satt werden!?! Und was gibt's jetzt ...?

HÜHNERbrust
mit Cornflakes und Orangensoße

Schon etwas mehr Aufwand  für 4 Personen ca. 40 Minuten

Zutaten:

4 Hühnerbrüste à 180 g

1 Ei

1 kleine Packung Cornflakes

4 EL Butterschmalz

500 g kleine Kartoffeln

Saft von 2 Orangen

2 cl Orangenlikör

100 ml süße Sahne

1 unbehandelte Orange

Salz, Pfeffer

Zubereitung:

1. Die Hühnerbrüste unter kaltem, fließendem Wasser abwaschen, mit Küchenkrepp trocken tupfen und mit Salz sowie Pfeffer würzen.

2. Das Ei auf einem Teller verquirlen. Die Cornflakes leicht zerdrücken und auf einen weiteren Teller legen. Die Hühnerbrüste in dem Ei wenden und mit den Cornflakes panieren.

3. Zwei Esslöffel Butterschmalz in einer Pfanne erhitzen und die Hühnerbrüste darin von jeder Seite sechs Minuten vorsichtig braten.

4. Die Kartoffeln schälen, in Salzwasser zehn Minuten vorkochen und das Wasser abgießen.

5. Den Bratfond mit dem Orangensaft und -likör ablöschen und mit der Sahne verfeinern. Nach Geschmack mit Salz und Pfeffer würzen und zusammen mit den Hühnerbrüsten bei 80° C im Backofen warm stellen.

6. Die Orange heiß waschen, trocken tupfen und mit einem Zestenreißer die Schale in Streifen abziehen.

7. Das restliche Butterschmalz in einer Pfanne erhitzen und die Kartoffeln ca. zehn Minuten darin braten. Mit Salz und Pfeffer würzen.

8. Die Soße mit den Hühnerbrüstchen und den Kartoffeln auf Tellern anrichten. Mit den Orangenzesten garniert servieren.

> Bei Geflügel bitte darauf achten, dass es gut durchgebraten ist.

So sind mir CORNFLAKES am Liebsten!

57

SCHWEINEFILET-Kartoffelsalat

 Schon etwas mehr Aufwand für 4 Personen ca. 35 Minuten

Zubereitung:

1. Die Kartoffeln waschen und mit 1 TL Salz etwa 20 Minuten kochen. Mit einem spitzen Küchenmesser prüfen, ob sie gar sind.

2. Den Apfel schälen, vierteln, entkernen und das Fruchtfleisch in kleine Würfel schneiden. Das Filet kalt abwaschen und mit Küchenkrepp trocken tupfen.

3. Das Olivenöl in einer Pfanne erhitzen, das ganze Filet darin scharf anbraten und die Pfefferkörner in die heiße Pfanne dazugeben. Das Filet in ca. 2 cm dicke Scheiben schneiden und von beiden Seiten nochmals kurz anbraten. Mit Salz, Pfeffer und Paprikapulver würzen und in der Pfanne warm halten. Beachten Sie, dass das Filet in der heißen Pfanne noch nachgart.

4. Für die Marinade den Essig, den Zitronensaft, die Sojasoße, den Senf und das Öl verrühren. Mit Salz und Pfeffer abschmecken.

5. Die noch warmen Kartoffeln pellen und in Scheiben schneiden. Die Rinderbouillon kurz aufkochen lassen. Sofort über die Kartoffelscheiben gießen und gut durchmengen. Ziehen lassen, bis die Flüssigkeit aufgesaugt ist, dabei gelegentlich vorsichtig durchmischen.

6. Die Marinade und die Apfelstücke über die Kartoffelscheiben geben und unterheben. Die Filetscheiben in kleine Stücke schneiden und zusammen mit den Pfefferkörnern zum Kartoffelsalat geben. Mit einem großen Löffel unterheben.

7. Die Kresse vom Beet schneiden. Den Kartoffelsalat in eine Schüssel füllen, mit der Kresse bestreuen und sofort servieren.

Wie der erst schmeckt, wenn er noch warm ist … Einfach unschlagbar!

Zutaten:

600 g festkochende Kartoffeln	Für die Marinade:
1 Schweinefilet, ca. 600 g	2 EL Essig
30 g grüne Pfefferkörner	1 EL Zitronensaft
2 EL ÖL, 1 Apfel	1 TL Sojasoße
Salz, Pfeffer, Paprikapulver	1 TL Senf
150 ml Rinderbouillon	2 EL Öl
1 Schale Kresse	Salz, Pfeffer

> Physalis geben diesem Gericht einen fruchtigen Geschmack. Sie können zur Dekoration verwendet oder auch gleich unter den Kartoffelsalat gemischt werden.

Gefüllte GRIESSklöße
mit Apfel-Vanille-Soße

Zubereitung:

1. Die Milch mit der Butter aufkochen. Das Vanille-Butter-Aroma, 30 g Zucker sowie den Grieß hinzufügen und eine Minute unter ständigem Rühren köcheln lassen. Die Masse abkühlen lassen und die Eier unterrühren.

2. Den Apfel schälen, das Kerngehäuse entfernen und fein würfeln. Mit dem restlichen Zucker sowie dem Zimt verrühren und zwei Minuten dünsten. Den Krokant daruntermengen und abkühlen lassen.

3. Den Grießteig in acht Teile trennen, jeweils zu einer Kugel formen und flach drücken. Einen Teelöffel Apfelmasse daraufsetzen und zu einem Kloß formen.

4. Die Klöße bei schwacher Hitze im Wasser gar ziehen lassen, bis sie oben schwimmen. Mit einem Schaumlöffel herausnehmen und abtropfen lassen.

5. Das Vanille-Soßenpulver mit vier Esslöffeln Zucker vermischen und in etwas Apfelsaft mit dem Apfelwein anrühren. Den restlichen Apfelsaft mit dem Wein aufkochen, die Vanillesoße unter ständigem Rühren daruntermischen und aufkochen lassen. Mit der Sahne und etwas Zimt verfeinern.

6. Die Butter mit dem restlichen Zucker erhitzen. Die Semmelbrösel hinzufügen und die Klöße darin wenden. Die Klöße mit der Apfel-Vanille-Soße auf Tellern anrichten und mit Minzblättern garnieren.

Zutaten:

Für die Klöße:

375 ml Milch	125 g Goldpuder
10 g Butter	Weichweizen-Grieß
1–2 Tropfen Vanille-	2 Eier, 1 Apfel
Butter-Aroma	zwei Msp. Zimt
40 g Zucker	2 TL Krokant

Für die Soße:

2 Packungen Vanille-	30 g Butter
Soßenpulver à 40 g	30 g Semmelbrösel
5 EL Zucker	Zimt
170 ml Apfelsaft	
170 ml Apfelwein	**Für die Dekoration:**
100 ml süße Sahne	frische Minzblätter

Ein süßer Traum ...

KOCH (-Etiketten-) Schule

So wird der Abend mit Susanne ein voller Erfolg ...

■ Anstoßen

So machen Sie es stilvoll: Zuerst das Glas erheben, dann den Blickkontakt zu ihr suchen, „Zum Wohl" wünschen, trinken, nochmal den Blickkontakt aufnehmen und das Glas absetzen. Normalerweise stößt man nur mit alkoholischen Getränken an. Das wird aber heute nicht mehr so eng gesehen. Man will ja schließlich keinen Antialkoholiker zum Trinken zwingen.

■ Besteck

Keine Angst vor einem Gedeck, das vor Besteck nur so wimmelt! Beim Besteck arbeitet man sich ganz einfach immer von außen nach innen vor.

■ Gabel und Löffel

Das hat Ihnen vermutlich schon Ihre Mutter immer gesagt, aber wir sagen es Ihnen trotzdem nochmal: Gabel oder Löffel werden immer zum Mund geführt und niemals umgekehrt!

■ Gläser

Wein-, Sekt- und Champagnergläser immer am Stiel anfassen. Damit vermeiden Sie, dass sich gekühlte Getränke durch die Körperwärme schnell erwärmen und schal schmecken. Außerdem gibt es so keine fettigen Fingerabdrücke auf dem Kelch und beim Anstoßen haben die Gläser einen schöneren Klang.

■ Haltung

Natürlich sollten Sie nicht am Tisch lümmeln, sondern in aufrechter und entspannter Haltung sitzen. Auf keinen Fall dürfen Sie die Ellenbogen aufstützen! Und die Hände liegen nur bis zu den Handgelenken auf dem Tisch.

■ Husten und Niesen

Halten Sie immer die Hand oder die Serviette vors Gesicht, wenn Sie ein Husten oder Niesen bei Tisch nicht vermeiden können. Beim Niesen sollten Sie sich auch wenn möglich noch schnell genug vom Tisch abwenden.

■ Platz nehmen

Ganz nach der alten Schule: Rücken Sie zuerst der Dame den Stuhl zurecht, bevor Sie sich setzen. Solche Höflichkeitsgesten kommen auch heute noch sehr gut an.

■ Rauchen

Geraucht wird erst, wenn der letzte Gang beendet worden ist, nicht zwischen den Gängen eines Menüs. Aber auch dann sollten Sie Ihre Begleiterin immer erst fragen, ob es sie stören würde, wenn Sie rauchen.

■ Serviette

Stecken Sie sich die Serviette bloß nicht in den Hemdkragen, sondern legen Sie diese zu einem Rechteck gefaltet auf den Schoß, wenn Sie mit dem Essen beginnen. Nach dem Essen gehört die Serviette nicht mitten in die Speisereste auf dem Teller, sondern locker zusammengelegt links daneben, ohne dass man die Flecken sehen kann.

■ Trinken

Sie möchten während des Essens etwas trinken? Dann tupfen Sie sich bitte vorher mit der Serviette den Mund ab. So vermeiden Sie unappetitliche Speise- und Fettränder an den Gläsern.

Das geht gar nicht ...

→ Schlürfen, Schmatzen, Aufstoßen oder ein geräuschvolles „Ah!" nach dem Trinken sind nicht lustig! Aber das wissen Sie sicher selbst.

→ Nicht mit der Serviette die Nase putzen. Dafür gibt es Taschentücher. Drehen Sie sich am besten beim Naseputzen ein wenig vom Tisch weg, denn es ist nun mal kein besonders appetitlicher Anblick.

→ Die Suppe nicht durch geräuschvolles Pusten abkühlen, sondern warten Sie lieber ein, zwei Minuten.

→ Nicht das Essen reinschlingen, als hätten Sie seit Tagen nichts gegessen. Essen Sie langsam und gesittet und nicht wie ein halb verhungertes Raubtier.

→ Spaghetti nicht in den Mund saugen oder mit dem Messer zerschneiden, sondern mit Gabel und gegebenenfalls auch Löffel aufdrehen.

→ Und noch eine altbekannte Benimmregel, die aber immer noch ihre Berechtigung hat: Nicht mit vollem Mund reden. Den Anblick sollten Sie Ihrem Gegenüber ersparen. Erst fertig kauen, schlucken, dann reden!

→ Essensreste nicht am Tisch aus den Zähnen pulen, auch nicht hinter vorgehaltener Hand oder Serviette, sondern immer die Toilette aufsuchen.

Der Kenner wählt ...

Als Aperitif:	z. B. Prosecco, Campari, Martini, Kir, Portwein, Manhattan, Sherry
Zur Vor- und Hauptspeise:	Weißwein zu hellem Fleisch (also zu Geflügel, Kalb und Fisch), Rotwein zu dunklem Fleisch (d. h. zu Rind und Wild). Ganz einfache Grundregel, die Sie sich leicht merken können: Je heller das Fleisch, desto heller der Wein!
Zum süßen Dessert:	lieblicher Wein, Sekt oder Champagner
Zur Käseplatte:	Rotwein
Als Digestif:	Wein, Tresterbrände (z. B. Cognac, Armagnac, Grappa), Obstbrände (Calvados, Mirabelle) und Liköre

Um die Geschmacksnerven nicht zu betäuben, trinkt man generell leichte Weine vor schweren, trockene vor lieblichen, jüngere vor älteren und weiße vor roten.

RINDERgulasch

Zubereitung:

1. Den Backofen (Ober- und Unterhitze) auf 120° C vorheizen.

2. Das Gulaschfleisch von Sehnen und Fett befreien, unter kaltem, fließendem Wasser abwaschen, auf ein Sieb schütten und trocknen lassen.

3. Das Gulasch in einer Schüssel mit dem scharfen Rosenpaprika, dem Mehl sowie Salz und Pfeffer gut durchmischen.

4. Die Zwiebeln schälen und vierteln. Den Knoblauch und die Kartoffeln schälen. Den Schnittlauch waschen, trocken schütteln und in kleine Röllchen schneiden. Ein paar Schnittlauchhalme für die Dekoration zurückbehalten.

5. Die Champignons mit einem Pilz- oder Kuchenpinsel säubern. Nicht waschen, da sie sich schnell mit Wasser vollsaugen und an Geschmack verlieren! Ganz hartnäckiger Schmutz kann mit einem Küchenmesser weggeschnitten werden. Die Stielenden unten abschneiden. Nur einwandfreie Pilze verwenden.

6. Vier Esslöffel Öl erhitzen und das Fleisch portionsweise darin rundum kräftig anbraten. Herausnehmen und das übrige Gulaschfleisch im restlichen Öl anbraten. Das Fleisch herausnehmen und beiseitestellen.

7. Die Zwiebeln und Champignons im Bratfett andünsten und den Knoblauch durch die Knoblauchpresse hineindrücken. Das Tomatenmark hineinrühren und kurz mit andünsten. Mit dem Bratenfond ablöschen, die Kartoffeln in die Soße reiben und alles gut durchrühren.

8. Das Fleisch kurz in der Soße aufkochen und in einen feuerfesten Glastopf umfüllen. Abgedeckt ca. drei Stunden im Backofen garen. Das Gulasch auf Tellern anrichten und mit Schnittlauch garniert servieren.

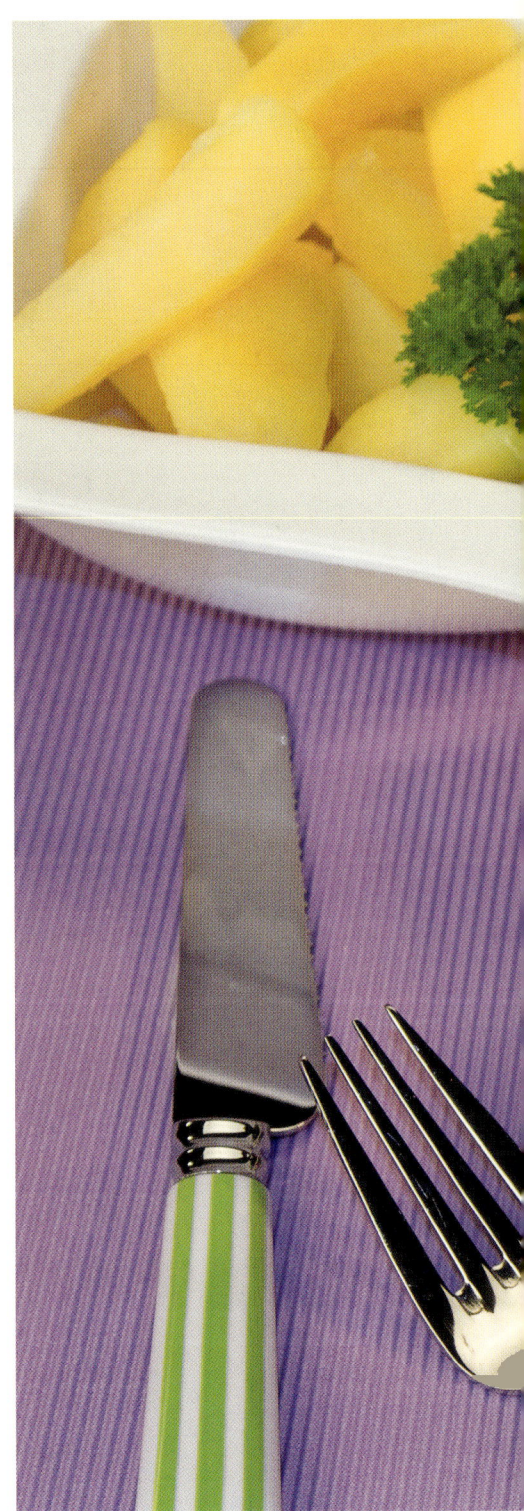

Zutaten:

1,5 kg Rindergulasch	350 g mehlig-	8 EL Öl
1 TL Rosenpaprika, scharf	kochende Kartoffeln	3 EL Tomatenmark
1 EL Mehl, 1 kg Zwiebeln	½ Bund Schnittlauch	800 ml Bratenfond
1 Knoblauchzehe	500 g Champignons	Salz, Pfeffer

Kein ZÄHER HUND, sondern zart wie Butter!

BOEUF Stroganoff

 Das ganze Programm für 4 Personen ca. 40 Minuten

Zubereitung:

1. Das Fleisch kalt abwaschen, trocken tupfen und in ca. 2 cm große Würfel schneiden. Die Zwiebeln schälen und würfeln. Die Petersilie und den Schnittlauch waschen und trocken schütteln. Ein paar Schnittlauchhalme für die Dekoration zurückbehalten. Die Tomaten waschen, trocknen und vierteln.

2. Die Champignons mit einem Pilz- oder Kuchenpinsel säubern. Nicht waschen, da sie sich schnell mit Wasser vollsaugen und an Geschmack verlieren! Ganz hartnäckiger Schmutz kann mit einem Küchenmesser weggeschnitten werden. Nur einwandfreie Pilze verwenden. In dicke Scheiben schneiden und in zwei Esslöffeln Pflanzencreme dünsten.

3. Das Butterschmalz im Bräter erhitzen und das Fleisch kurz scharf anbraten. Herausnehmen und warm stellen.

4. Die Nudeln nach Packungsanweisung in reichlich kochendem Salzwasser kochen. Wenn sie noch bissfest sind, abgießen und gut abtropfen lassen.

5. Die gewürfelten Zwiebeln im Bratfett andünsten und das Soßenpulver darüberstreuen. Mit 1 l Wasser ablöschen. Das Mehl in ¼ l kaltem Wasser verquirlen, in die Soße geben und aufkochen lassen. Mit einem Stabmixer pürieren und mit der Koch-Sahne verfeinern. Mit Salz und Pfeffer abschmecken.

6. Die Filetstücke und die Champignons in die Soße geben und kurz aufkochen lassen.

7. Das Bœuf Stroganoff mit der Petersilie, dem Schnittlauch und den Tomatenvierteln garnieren und mit den Nudeln servieren.

Wer ist STROGANOFF???

Zutaten:

800 g Rinderfilet, 70 g Butterschmalz, 6 Zwiebeln, ca. 500 g
Pfeffer, Salz
2 EL Soße zum Braten, instant

⅛ l Koch-Sahne, 1 EL Mehl
200 g Champignons
2 EL Pflanzencreme
40 g glatte Petersilie

½ Bund Schnittlauch, 2 Tomaten

Als Beilage:
500 g Bandnudeln

WIRSING**wickel**

 Das ganze Programm für 4 Personen   ca. 50 Minuten

Zutaten:

1 Kopf Wirsingkohl

50 ml Essig

1 kg Hackfleisch, 2 Zwiebeln

3–5 EL Öl

1 EL Worcester-Soße, 1 TL Salz

1 TL Pfeffer, Muskatnuss

2 Eier, 2 altbackene Brötchen

200 g Baconwürfel

¼ l Brühe, 1–2 TL Soßenbinder

Küchengarn

... besser als Wadenwickel!

Zubereitung:

1. Den Wirsing putzen und den Strunk keilförmig herausschneiden. Fünf Liter Salzwasser mit dem Essig erhitzen. Den Wirsing so lange kochen, bis sich die äußeren Blätter leicht lösen lassen. Aus dem Wasser nehmen, die äußeren sechs Blätter abtrennen und auf Küchenkrepp legen. Dickere Rippen flach schneiden.

2. Die Brötchen in Wasser einweichen. Die Zwiebeln schälen und fein würfeln.

3. Das Hackfleisch mit den ausgedrückten Brötchen, Zwiebeln, Eiern, der Worcester-Soße, Salz, Pfeffer und Muskatnuss mischen und auf den vorbereiteten Wirsingblättern verteilen. Zu Rouladen aufrollen und mit Küchengarn zusammenbinden.

4. Das Öl in einem Bräter erhitzen. Die Wirsingrouladen von allen Seiten anbraten. Die Baconwürfel dazugeben und mit anbraten. Die Brühe angießen. Bei geringer Hitze die Rouladen ca. 50 Minuten schmoren.

5. Die Brühe mit dem Soßenbinder andicken und nach Bedarf nachwürzen. Dazu schmecken Kartoffeln.

> Den restlichen Wirsing in kleine Streifen schneiden. Eine in kleine Würfel geschnittene Zwiebel in etwas Öl andünsten, den Wirsing mit in den Topf geben und unter Umrühren kurz mitdünsten. Mit etwas Brühe aufgießen und ca. 20 Minuten dünsten. Eventuell mit Soßenbinder andicken. Mit Salz, Pfeffer und Muskatnuss nach Geschmack würzen.

Schwäbischer
ZWIEBELrostbraten

 Das ganze Programm für 4 Personen ca. 25 Minuten

Zutaten:

4 Rumpsteaks à 150 g

4 EL Sonnenblumenöl

400 g Spätzle

4 Zwiebeln, Salz, Pfeffer

frische Petersilie

Zubereitung:

1. Die Rumpsteaks unter kaltem, fließendem Wasser abwaschen, mit Küchenkrepp trocken tupfen, leicht klopfen und den Rand mehrmals einkerben. Mit etwas Öl bestreichen und das Fleisch einige Minuten ruhen lassen.

2. Die Spätzle nach Packungsanweisung in reichlich kochendem Salzwasser kochen. Wenn sie noch bissfest sind, abgießen und gut abtropfen lassen.

3. Das restliche Öl in einer Pfanne erhitzen und die Rumpsteaks darin von beiden Seiten scharf anbraten. Dann pro Seite nochmals drei bis vier Minuten braten. Die Steaks aus der Pfanne nehmen, salzen, pfeffern und warm stellen.

4. Die Zwiebeln schälen, in Ringe schneiden und in dem verbliebenen heißen Bratfett schön kross braten.

5. Die Rumpsteaks mit den Zwiebelringen und Spätzle auf Tellern anrichten und mit Petersilie garnieren. Dazu passt Weißkrautsalat.

69

FILETsteaks
mit Speckbohnen

Zubereitung:

1. Die Bohnen waschen und putzen. Die geputzten Bohnen in sprudelndem Salzwasser vier Minuten lang ohne Deckel kochen. Danach in Eiswasser (mit Eiswürfeln) abschrecken, damit der Garprozess unterbrochen wird und die Bohnen ihre schöne grüne Farbe behalten.

2. Jeweils sechs Bohnen mit einer Baconscheibe umwickeln. Je dünner die Baconscheiben sind, desto schöner kann man sie um die Bohnen wickeln. Das Butterschmalz in einer Pfanne erhitzen und die Bohnenpäckchen rundherum anbraten.

3. Die Filetsteaks kalt abwaschen und trocken tupfen. Das Butterschmalz in der Pfanne erhitzen und die Filetsteaks acht bis zehn Minuten scharf anbraten.

4. Mit dem Gabeltest ständig überprüfen, wann die Steaks den gewünschten Gargrad haben. Vor dem Servieren nach Belieben salzen und pfeffern.

5. Die Nudeln nach Packungsanweisung in reichlich kochendem Salzwasser kochen. Wenn sie noch bissfest sind, abgießen und gut abtropfen lassen.

Um den Gargrad des Fleischs zu ermitteln, drücken Sie mit einem Gabelrücken auf das Fleisch (Achtung: Nicht hineinstechen!).
Das Fleisch ist:

> **blutig**, wenn es sich weich anfühlt. Das Fleisch ist dann innen rot.

> **halb durch**, wenn es federnd nachgibt. Das Fleisch ist im Kern noch rosa.

> **durch**, wenn es sich fest anfühlt. Das Fleisch ist nun gleichmäßig durchgegart.

Zutaten:

Für die Steaks:	Für die Bohnen:	Als Beilage:
4 Rinderfiletsteaks à 250 g	500 g Buschbohnen	500 g Bandnudeln
50 g Butterschmalz	2 Packungen à 100 g Bacon in	
Salz, Pfeffer	Scheiben, 1 EL Butterschmalz	

Es ist eine Gradwanderung, den richtigen Moment zu erwischen:
Wenn es sich fest anfühlt, sollte man es schnell aus der Pfanne
nehmen – sonst gibt's Schuhsohlen.

ROASTbeef
mit Käse-Polenta-Kruste

Das ganze Programm · für 4 Personen · ca. 60 Minuten

Zubereitung:

1. Den Backofen auf 200° C, Gas Stufe 3–4, Umluft 180° C vorheizen.

2. Das Roastbeef unter kaltem, fließendem Wasser abwaschen und mit Küchenkrepp trocken tupfen.

3. Die Rosa Beeren grob zerdrücken, mit dem Orangensaft sowie dem Salz verrühren und das Roastbeef damit einreiben. Das Öl in einem feuerfesten Bräter erhitzen und das Roastbeef von allen Seiten anbraten.

4. Den Knoblauch schälen, zerdrücken und in etwas erhitzter Butter andünsten. Die Milch und die restliche Butter hinzufügen und aufkochen. Den Grieß hineinstreuen und so lange rühren, bis sich die Masse vom Boden löst. Etwas abkühlen lassen.

5. Den Käse reiben. Das Ei trennen und das Eigelb unter die Grießmasse rühren. Das Eiweiß steif schlagen und mit dem Käse unter die Polenta ziehen.

6. Die Kräuter waschen, trocken schütteln und klein schneiden. Die Polenta-Masse mit Salz, Pfeffer und den Kräutern verfeinern. Auf das Roastbeef streichen und pro cm Höhe ca. fünf Minuten im Backofen garen.

7. Die Zwiebel schälen, würfeln und im Bratfond glasig dünsten. Rosa Beeren und Tomatenmark hinzufügen und mit Brühe und Sahne aufgießen. Aufkochen lassen und mit Salz und Pfeffer abschmecken. Die Soße pürieren. Wenige Rosa Beeren zur Dekoration hinzufügen.

8. Den Feldsalat putzen, gründlich waschen und auf einem Sieb abtropfen lassen. Die Erdbeeren waschen, putzen und in Stücke schneiden. Mit einer Marinade aus Salz, Pfeffer, Weißweinessig und Walnussöl und den Feldsalat anmachen.

9. Das Roastbeef in Scheiben schneiden, mit der Soße und dem Feldsalat anrichten und mit den Erdbeerstücken garniert servieren.

Zutaten:

Für das Roastbeef:
800 g Roastbeef
1 TL Rosa Beeren
Saft von ½ Orange
1 TL Salz
2 EL Speiseöl

Für die Kruste:
1 Knoblauchzehe
50 g Butter

200 ml Milch
60 g Maisgrieß
150 g Leerdammer
Caractère®, 1 Ei
einige Blättchen
Zitronenthymian,
Majoran und
Oregano
Salz, frisch gemah-
lener Pfeffer

Für die Rosa
Beeren-Soße:
1 Zwiebel
2 EL Rosa Beeren
1 EL Tomatenmark
250 ml Brühe
400 ml süße Sahne
Salz, Pfeffer

Für den Feldsalat:
200 g Feldsalat
12 Erdbeeren
4 EL Weißweinessig
4 EL Walnussöl
Salz, Pfeffer

Festlicher SAUERbraten

 Das ganze Programm für 4 Personen ca. 90–105 Min. + 4–5 Tage Marinierzeit

Zubereitung:

1. Die Schalotten und die Karotte schälen und beides würfeln. Mit dem Essig, Rotwein, Lorbeer, Nelken und Pfefferkörnern aufkochen.

2. Den Rinderbraten unter kaltem, fließendem Wasser abwaschen, mit Küchenkrepp trocken tupfen und ca. vier bis fünf Tage in der Marinade einlegen.

3. Das Fleisch aus der Marinade nehmen, trocken tupfen, mit dem Salz und Lebkuchengewürz bestreuen und in dem erhitzten Öl anbraten.

4. Die Marinade sowie die Brühe angießen, aufkochen und abgedeckt ca. 60 bis 80 Minuten schmoren. Das Fleisch herausnehmen und warm stellen.

5. Die Soße durch ein Sieb in einen Topf gießen. Mit den halbierten Backpflaumen und dem Pflaumenmus verfeinern. Mit Salz und Pfeffer abschmecken und mit etwas dunklem Soßenbinder andicken.

6. Für die Klöße die Kartoffeln waschen und in Salzwasser ca. 20 Minuten gar kochen. Das Wasser abgießen, die Kartoffeln abdampfen, etwas abkühlen lassen, pellen und durch eine Presse drücken. Die Butter schmelzen und mit dem Ei zu den Kartoffeln geben. Die Speisestärke nach und nach einarbeiten und mit Salz, Pfeffer sowie Muskatnuss würzen. Aus dem Teig 12 Klöße formen und in reichlich heißem Salzwasser zehn Minuten ziehen lassen.

7. Den Rotkohl nach Packungsanweisung erhitzen. Das Fleisch in Scheiben schneiden und mit dem Rotkohl, den Klößen sowie der Soße auf Tellern anrichten. Mit glatter Petersilie dekorieren.

Echte MÄNNERSACHE ...!

Zutaten:

Für die Marinade:
2 Schalotten
1 Karotte
120 ml Kühne Exquisit Aceto Balsamico di Modena
400 ml Rotwein
2 Lorbeerblätter
3 Nelken
½ TL Pfefferkörner

Für den Braten:
800 g Rinderbraten
1 TL grobes Salz
1 ½ TL Lebkuchen-gewürz, 2 EL Speiseöl
200 ml Brühe
12 weiche Back-pflaumen
2 EL Pflaumenmus
dunkler Soßenbinder

Salz, frisch gemahlener Pfeffer

Für die Klöße:
400 g mehlig-kochende Kartoffeln
1 EL Butter, 1 Ei
4 EL Speisestärke
Salz, Pfeffer, Muskat-nuss, gemahlen

Außerdem:
1 Glas Rotkohl (= 720 ml), z. B. von Kühne
frische, glatte Petersilie zum Dekorieren

> Zum Einlegen kann auch eine fertige Gewürzmischung verwendet werden. Oder man kauft den Sauerbraten bereits eingelegt und verfeinert die Soße z. B. mit Lebkuchengewürz.

ZWIEBELsuppe ✓

 Das ganze Programm für 4 Personen ca. 30 Minuten

Zutaten:

6 Zwiebeln

70 g Butterschmalz

1 l Fleisch- oder Gemüsebrühe

Salz, Pfeffer

Muskatnuss, gerieben

1 Schale Kresse

120 g Gratinkäse, gerieben

4 Scheiben Toastbrot

Zubereitung:

1. Die Zwiebeln schälen und in Ringe schneiden.

2. In einem großen Topf das Butterschmalz erhitzen und die Zwiebeln darin dünsten. Mit Pfeffer würzen.

3. Die Fleisch- bzw. Gemüsebrühe angießen und kurz aufkochen lassen. Mit Salz, Pfeffer und Muskatnuss abschmecken.

4. Auf die in feuerfeste Tassen gefüllte Zwiebelsuppe je eine Scheibe Toastbrot legen und mit dem Gratinkäse bestreuen.

5. Bei 220°C unter dem Grill ca. fünf bis zehn Minuten überbacken, bis der Käse eine goldbraune Farbe angenommen hat. Die Kresse vom Beet schneiden und die Suppe vor dem Servieren damit garnieren.

Zwiebelschneiden – nichts für Weicheier ...
Mit diesen Tipps kommt man(n) auch ohne Tränen ans Ziel:

> Stets ein scharfes Messer verwenden, damit die Zwiebelfasern weniger gequetscht werden und so weniger Saft austritt.

> Den Kopf nicht direkt über das Schneidebrett halten, da die Dämpfe nach oben steigen.

> Die Zwiebel unter der eingeschalteten Dunstabzugshaube schneiden. Die Dämpfe werden dann gleich abgezogen.

> Zwiebeldämpfe nicht mit offenem Mund einatmen, den Mund zu lassen.

> Eine brennende Kerze neben das Schneidebrett stellen.

> Wenn nichts mehr hilft: Eine Taucherbrille oder ABC-Schutzmaske aufsetzen.

Gebratene LACHSsteaks
mit Knödeln und Spinat

Das ganze Programm für 4 Personen ⏱ ca. 25 Minuten

Zubereitung:

1. Den Backofen auf 220° C, Gas Stufe 4–5, Umluft 200° C vorheizen.

2. Die Lachssteaks unter kaltem, fließendem Wasser abwaschen und mit Küchenkrepp trocken tupfen. Mit Zitronenpfeffer würzen und mit je einer Scheibe Kräuterbutter belegen. Den Lachs in eine feuerfeste Form legen und ca. 10 bis 15 Minuten im Backofen garen.

3. Die Mini-Knödel nach Packungsanweisung zubereiten.

4. Den Blattspinat von den Stielen befreien und waschen. In einem großen Topf 150 ml Wasser mit einer Prise Salz erhitzen. Den Spinat hinzufügen, zusammenfallen und in einem Sieb abtropfen lassen.

5. Die Frühlingszwiebeln und den Knoblauch schälen und fein würfeln. In einem Topf das Butterschmalz erhitzen und die Zwiebel- und Knoblauchstückchen darin andünsten. Den Spinat hinzufügen und mit Salz, Pfeffer sowie Muskatnuss würzen.

6. Die Lachssteaks mit den Mini-Knödeln und dem Spinat auf Tellern anrichten. Den Bergkäse darüberstreuen und mit Estragon garniert servieren.

Lachs! Fisch muss schwimmen! Wo ist der kühle Weißwein?

Was heißt hier: „Wo rohe Kräfte sinnlos walten ..." ?

78

Zutaten:

4 Lachssteaks	Für den Spinat:
4 Scheiben Kräuterbutter	600 g frischer Blattspinat
1 Packung (= 400 g) Henglein Mini-Knödel	4 Frühlingszwiebeln, 2 Knoblauchzehen
50 g geriebener Bergkäse	2 EL Butterschmalz
Zitronenpfeffer	Salz, Pfeffer
frischer Estragon	Muskatnuss, gemahlen

79

Gegrillte
SEELACHSfrikadellen

 Das ganze Programm für 4 Personen ca. 30 Min. + 2 Std. ziehen lassen

Zutaten:

500 g Seelachsfilet

2 Scheiben Toast

50 ml süße Sahne

2 Frühlingszwiebeln

1 kleine, rote Paprikaschote

1 Ei

Salz, frisch gemahlener Pfeffer

Für den Kartoffelsalat:

500 g festkochende Kartoffeln

2 Äpfel

1 Bund Schnittlauch

1 TL Senf

5 EL Sonnenblumenöl

2–3 EL weißer Balsamico-Essig

Salz

frisch gemahlener Pfeffer

Zucker

Zubereitung:

1. Für den Kartoffelsalat die Kartoffeln waschen und in Salzwasser ca. 20 Minuten gar kochen. Nicht zu weich werden lassen, sonst zerfallen die Kartoffelscheiben leicht. Das Wasser abgießen, die Kartoffeln in noch warmem Zustand pellen und in Scheiben schneiden.

2. Die Äpfel waschen, vierteln, entkernen und die Apfelviertel quer in Scheiben schneiden. Den Schnittlauch waschen, trocken schütteln und in feine Röllchen schneiden. Ein paar Schnittlauchhalme für die Dekoration zurückbehalten.

3. Den Senf mit dem Öl und Essig verrühren und mit Salz, Pfeffer sowie Zucker abschmecken. Mit den Salatzutaten mischen und möglichst zwei Stunden ziehen lassen.

4. Das Seelachsfilet unter kaltem, fließendem Wasser abwaschen, mit Küchenkrepp trocken tupfen und würfeln. Den Toast entrinden und ebenfalls würfeln.

5. Fisch- und Toastwürfel mischen, mit der Sahne übergießen und portionsweise im Mixer fein pürieren.

6. Die Frühlingszwiebeln waschen, abtrocknen und in feine Ringe schneiden. Die Paprikaschoten halbieren, die weißen Trennwände und Kerne entfernen, waschen und sehr fein würfeln. Beides mit der Fischmasse und dem Ei gleichmäßig verkneten und mit Salz und Pfeffer würzen.

7. Mit leicht angefeuchteten Händen aus der Fischmasse acht Frikadellen formen und flach drücken. In einer Grillpfanne oder auf geölter Alufolie auf dem Grill ca. vier Minuten von jeder Seite garen.

8. Den Salat nochmals abschmecken und mit den Fischfrikadellen auf Tellern anrichten. Mit den zurückbehaltenen Schnittlauchhalmen garniert servieren.

Blubb ...

MOUSSE au Chocolat

 **Das ganze Programm** **für 6 Personen** ⏱ **ca. 20 Min. + über Nacht kalt stellen**

Zubereitung:

1. Die Kuvertüre und die Schokolade klein hacken und im heißen Wasserbad unter Rühren schmelzen lassen.

2. Die Eier trennen und das Eiweiß mit dem Zucker zu Eischnee schlagen. Die Eigelbe mit dem Vanillezucker schaumig rühren und die Sahne steif schlagen.

3. Die geschmolzene, lauwarme Schokolade unter die Eigelb-Vanillezucker-Masse rühren. Die Sahne vorsichtig hineinrühren und sofort im Anschluss den Zucker-Eischnee unterheben.

4. Die Schokoladenmasse in eine flache Form füllen und mindestens drei Stunden kalt stellen, am besten über Nacht.

5. Für die Dekoration die Erdbeeren und Mangos waschen und putzen bzw. schälen und das Fruchtfleisch in Fächer schneiden.

6. Aus der fest gewordenen Mousse mit einem in heißes Wasser getauchten Esslöffel Nocken ausstechen. Stechen Sie dabei mit ausreichendem Abstand in die Mousse, damit die Nocken ihre schöne Form erhalten.

7. Auf jedem Teller ein bis zwei Mousse-Nocken anrichten, mit den Früchtefächern und frischer Zitronenmelisse garnieren und ein wenig Kuvertüre mit einem Hobel oder einem runden Küchenmesser direkt über die Teller raspeln.

Zutaten:

Für die Mousse:	Für die Dekoration:
150 g Halbbitterkuvertüre	6 Erdbeeren
50 g Schokolade mit Kaffee-Geschmack	2 Mangos
5 frische Eier, 100 g Zucker	frische Zitronenmelisse
3 Päckchen Vanillezucker	Vollmilchkuvertüre
⅛ l süße Sahne	

Schokolade macht müde Männer munter!

> Absolut frische Eier sind hier das A und O! Bei der Zubereitung von Mousse au Chocolat werden die Eier nicht hoch genug erhitzt, um eventuelle Krankheitserreger abzutöten. Die Gefahr, die von Salmonellen ausgeht, ist nicht zu unterschätzen!

Register

© 2009 SAMMÜLLER KREATIV GmbH

Genehmigte Lizenzausgabe
EDITION XXL GmbH
Fränkisch-Crumbach 2009
www.edition-xxl.de

Idee und Projektleitung: Sonja Sammüller
Layout, Satz und Umschlaggestaltung:
SAMMÜLLER KREATIV GmbH

ISBN (13) 978-3-89736-073-0
ISBN (10)   3-89736-073-X

Bildnachweis

Wir danken folgenden Firmen für ihre freundliche
Unterstützung:

Fisch-Informationszentrum (FIZ) e. V., Hamburg
18, 38, 53, 80–81
Landesvereinigung der Bayerischen Milchwirtschaft
24, 43
Molkerei Weihenstephan 19
MPR Dr. Muth Public Relations GmbH, Hamburg
– USA Rice Federation 7, 54–55
Peter Kölln KGaA, Elmshorn 14–15
Supress Pressedienste, Düsseldorf 56–57
The Food Professionals Köhnen AG, Sprockhövel
– Fuchs 39, 40–41
– Grafschafter 45
– Goldpuder 44, 60–61
– Henglein 78–79
– Kühne 7, 74–75
– Leerdammer 72–73
– Ostmann 25
– Saupiquet 42, 52
Wirths PR GmbH, Fischach
– www.1000rezepte.de 33, 69
– Zottarella 16–17

Alle weiteren Fotos: SAMMÜLLER KREATIV GmbH